中国农村金融论坛

CHINA RURAL FINANCE FORUM

致力于开展农村金融调查与研究，引领农村金融理念突破与创新，推动中国农村金融改革与发展

中国农村金融论坛书系

CHINA RURAL FINANCE FORUM BOOKS

中国新型农业
经营主体发展研究

RESEARCH ON NEW TYPES OF
AGRICULTURAL BUSINESS ENTITIES

宋洪远　赵　海　等著

中国金融出版社

责任编辑：丁　芊
责任校对：张志文
责任印制：丁淮宾

图书在版编目（CIP）数据

中国新型农业经营主体发展研究（Zhongguo Xinxing Nongye Jingy-
ing Zhuti Fazhan Yanjiu）/宋洪远，赵海等著 . —北京：中国金融出
版社，2015.3
　　（中国农村金融论坛书系）
ISBN 978 - 7 - 5049 - 7888 - 2

Ⅰ. ①中… 　Ⅱ. ①宋… ②赵… 　Ⅲ. ①农业经营—经营管理—研
究—中国 　Ⅳ. ①F324

中国版本图书馆 CIP 数据核字（2015）第 055007 号

出版
发行　　中国金融出版社
社址　　北京市丰台区益泽路 2 号
市场开发部　（010）63266347，63805472，63439533（传真）
网 上 书 店　http://www.chinafph.com
　　　　　　（010）63286832，63365686（传真）
读者服务部　（010）66070833，62568380
邮编　100071
经销　新华书店
印刷　北京市松源印刷有限公司
尺寸　170 毫米 ×230 毫米
印张　16
字数　210 千
版次　2015 年 3 月第 1 版
印次　2015 年 3 月第 1 次印刷
定价　48.00 元
ISBN 978 - 7 - 5049 - 7888 - 2/F. 7448
如出现印装错误本社负责调换　联系电话（010）63263947

中国农村金融论坛简介

为推动中国农村金融改革与创新，支持金融服务"三农"和实体经济，中国金融四十人论坛与中国农业银行股份有限公司联合发起成立"中国农村金融论坛"。

作为非官方、非营利性学术研究组织，"中国农村金融论坛"致力于农村金融领域的调查研究，为农村金融界官、学、商提供一个专注于农村经济和金融的研究与交流平台，以独立而深入的调查研究和闭门研讨会为农村金融改革献计献策。

"中国农村金融论坛"采取成员制，论坛成员有权参与论坛组织的各项活动，包括季度闭门研讨会与"中国农村金融年会"、农村经济金融课题研究与调研等。

"中国金融四十人论坛"是一家非官方、非营利性的独立智库，专注于经济金融领域的政策研究。论坛成立于 2008 年 4 月 12 日，由 40 位 40 岁上下的金融精锐组成，即"40×40 俱乐部"。本智库的宗旨是：以前瞻视野和探索精神，致力于夯实中国金融学术基础，研究金融领域前沿课题，推动中国金融业改革与发展。

中国农业银行股份有限公司是中国主要的综合性金融服务提供商之一，致力于建设面向"三农"、城乡联动、融入国际、服务多元的一流现代商业银行。中国农业银行凭借全面的业务组合、庞大的分销网络和领先的技术平台，向最广大客户提供各种公司银行和零售银行产品和服务，同时开展自营及代客资金业务，并通过子公司积极拓展投资银行、基金管理、金融租赁、人寿保险等业务领域。

中国农村金融论坛顾问与成员

论坛顾问：陈锡文　中央农村工作领导小组办公室主任
　　　　　蒋超良　吉林省省长
　　　　　杜　鹰　国家发展和改革委员会原副主任
　　　　　段应碧　中央农工办原主任、中国扶贫基金会会长
　　　　　尹成杰　国务院参事室特约研究员

论坛成员：（按姓氏拼音排序）
　　　　　蔡　昉　中国社会科学院副院长
　　　　　蔡继明　清华大学政治经济学研究中心主任
　　　　　高俊才　国家发展和改革委员会农村经济司司长
　　　　　黄季焜　中国科学院农业政策研究中心主任
　　　　　纪志宏　中国人民银行金融市场司司长
　　　　　李振江　中国农业银行副行长
　　　　　李　周　中国社会科学院农村发展研究所所长
　　　　　林毅夫　北京大学国家发展研究院教授
　　　　　刘守英　国务院发展研究中心农村经济研究部副部长
　　　　　马晓河　国家发展和改革委员会宏观经济研究院副院长
　　　　　潘功胜　中国人民银行副行长
　　　　　钱颖一　清华大学经济管理学院院长
　　　　　沈晓晖　国务院研究室国际司司长
　　　　　宋洪远　农业部农村经济研究中心主任
　　　　　王曙光　北京大学经济学院金融系教授
　　　　　谢　平　中国投资有限责任公司副总经理
　　　　　徐小青　国务院发展研究中心农村经济研究部研究员
　　　　　徐　忠　中国人民银行金融市场司副司长
　　　　　叶兴庆　国务院发展研究中心农村经济研究部部长
　　　　　张晓山　中国社会科学院农村发展研究所学部委员
　　　　　周其仁　北京大学国家发展研究院教授
　　　　　祝卫东　中央农村工作领导小组办公室局长

前　言

进入新世纪以来，随着我国工业化、城镇化进程加快，农村劳动力大量向城镇和非农产业转移，农业副业化、农村空心化、农民老龄化的趋势越来越突出，谁来种地、地怎么种的问题越发凸显，这不仅严重影响到农业和农村的发展，也对国家粮食安全和国民经济健康持续发展构成了严重威胁。基于这种形势，中央把培育新的农业经营组织、培养农业接班人摆在了更加突出的位置。党的十八大报告明确提出，发展多种形式规模经营，构建集约化、专业化、组织化、社会化相结合的新型农业经营体系；2012年底召开的中央农村工作会议首次提出培育新型农业经营主体；党的十八届三中全会决定提出，推进家庭经营、集体经营、合作经营、企业经营等共同发展的农业经营方式创新。

为深化对新型农业经营主体的认识，我们从历史和国际视野对其进行了综合考察，从历史视野可以探究各类经营主体发展的来龙去脉，从国际视野可以找到规律性的、可资借鉴的经验。首先，我们对农业经营主体的基础单元——家庭承包农户的组织特征、功能定位和发展趋势进行了分析，我们认为，在相当长的一段时期内，小规模的承包农户仍占绝大多数，但其总数会不断减少，自身也将分化和演进，因此，在构建新型农业经营体系的过程中，必须处理好传统小规模农户与新型农业经营主体的关系。其次，我们分别对新型农业经营主体的主要构成——家庭农场、农民合作社、农业产业化龙头企业、农业社会化服务组织的发展状况、组织特征、功能定位和发展趋势进行了分析。我们认为，在培育新型农业经营主体的过程中，要注意处理和把握好家庭农场、农民合作社、龙头企业和社会化服务组织的关系。总的来看，这几类主体的组织特征各不相同，决定其功能定位也有差异。家庭农场是规模化了的承包农户，基本沿袭了家庭经营的特征，其优势是监督成本低，功能定位主要体现在农产品种养环节，是商品农产品的主要供给者；农民合作社是农民的合作与联合，其最大的作用是解决了农民的组织化问题，降低了农民与市场间的交易成本，在当前农民合作社的作用主要体现在农资购买、产品销售、技术推广等领域；龙头企业是先进生产要素的集成，其最大的优势是资金技术密集且贴近市场，其功能定位主要体现在农产品加工和流通领域；农业社会化服务组织既包括公共服务机构，又包括经营性服务机构，公共服务机构要在公益性、基础性领域发挥主导作用，逐步从经营性领域退出，经营性服务机构是未来发展的重点。我们认为，在实践中，要处理好这几类主体的关系，充分发挥它们的比较优势，而不应分孰优孰劣而厚此薄彼。最后，我们对美国、日本、德国农业经营主体的发展状况和趋势特点进行了分析，并归纳了经验启示。总的来看，美国代表的是人少地多的类型，日本代表了人多地少的类型，而德国代表了人地适中的类型，对这三个国家农业经营体制的考察，可以从更广阔的视野来审视我国农业经营体制的变迁，为我们当前开展的培育新型主体提供更多启示和借鉴。

本书是团队合作的成果。宋洪远提出了研究设想、逻辑框架和主要内容，农业部农村经济研究中心、国家粮食局科学研究院、青岛农业大学合作社学院的几位青年学者组成了研究小组分头编写。具体来看，第一章由农业部农村经济研究中心宋洪远和赵海执笔，

第二章由青岛农业大学王勇执笔，第三章和第五章由赵海执笔，第四章和第八章由农业部农村经济研究中心高强执笔，第六章和第九章由农业部农村经济研究中心马凯执笔，第七章由国家粮食局科学研究院李腾飞执笔，宋洪远审阅了全部书稿并做了修改完善。

本项研究是中国农村金融论坛内部课题，并且在评审和出版环节都得到了中国农村金融论坛的支持。2014 年 3 月 29 日论坛专门组织专家对课题研究成果进行了评审。中央农办原主任段应碧、国务院参事室特约研究员尹成杰、中央农办局长祝卫东、国务院发展研究中心农村经济研究部部长叶兴庆、中国农业银行副行长李振江、国家发改委农村经济司司长高俊才、国家发改委宏观经济研究院副院长马晓河、中国社科院学部委员张晓山等领导和专家，都从不同方面对完善研究成果提出了宝贵的意见和建议。在此，我们向中国农村金融论坛和各位专家学者的支持和帮助表示衷心的感谢。

培育新型农业经营主体是中国发展现代农业的一项重大任务，也是农经学界需要特别关注研究的一个重要课题。我们对新型农业经营主体的研究还处在初步探讨阶段，还有很多不足和需要改进的地方，恳请大家批评指正。

宋洪远

2015 年 2 月 9 日

目 录

中国农村金融论坛
CHINA RURAL FINANCE FORUM

第一章

新型农业经营主体总论

近年来，我国城乡社会生产力发展很快，客观上要求创新农业经营体系。工业化、城镇化的快速推进，带来了农村劳动力的大规模转移就业，引发了"谁来种地"、"地怎么种"等新课题，对培育新型农业经营主体、发展适度规模经营提出了迫切要求；随着农业科技的进步和推广应用，农业生产机械化、农业服务社会化、农业经营信息化快速发展，又为创新农业生产经营方式和服务方式提供了基础和条件。适应上述要求和需要，一些地方通过培育专业大户、家庭农场、农民合作社等新型农业经营主体，发展多种形式规模经营，为构建新型农业经营体系提供了经验和借鉴。党的十八大报告提出，坚持和完善农村基本经营制度，构建集约化、专业化、组织化、社会化相结合的新型农业经营体系；党的十八届三中全会《中共中央关于全面深化改革若干重大问题的决定》明确提出，坚持家庭经营在农业中的基础性地位，推进家庭经营、集体经营、合作经营、企业经营等共同发展的农业经营方式创新。

培育新型农业经营主体面临着一些问题和挑战，突出表现为主体地位不明确，内部运行不规范，经营服务跟不上，扶持政策不到位。因此，应完善相关法律制度，明确经营主体法人地位，健全内部治理机制、促进经营主体规范发展，落实发展扶持政策、提升社会化服务和金融服务水平，为经营主体的发展创造良好的制度环境。

构建新型农业经营体系，坚持家庭承包经营是基础，培育农业经营主体是重点，发展社会化服务和金融服务是支撑。本章通过对家庭农场、农民合作社和农业企业等新型农业经营主体的发展趋势和面临问题的分析，探讨如何发展农业社会化服务和农村金融服务，提出构建新型农业经营体系的对策和建议。

一、构建新型农业经营体系势在必行

进入新世纪以来，随着工业化、信息化、城镇化、市场化、国际化程度的不断加深，一方面，人们对国内农产品的需求呈刚性增长，对食品安全的要求不断提高；另一方面，农村劳动力大量转移，农业资源环境约束日益增强，农业市场竞争加剧，都对我国以小农户精耕细作为主要特征的传统农业生产经营方式提出了双重挑战，迫切要求加快培育新型农业经营主体，创新农业经营体系，转变农业发展方式，夯实农业发展基础。

（一）农村劳动力大量向城镇转移，农业劳动力结构性素质下降，迫切需要培育新型农业经营主体，解决农业后继无人的问题

进入新世纪以来，我国城镇化加快发展，到 2013 年我国城镇化率已达到 53.7%，农村劳动力转移超过 2.6 亿人。由于农业比较效益低、农民社会地位不高，新生代农民工不愿意务农，导致农村青壮年劳动力不足、农业劳动力素质下降、季节性和区域性劳动力短缺问题开始凸显。传统农户急剧分化，老人、妇女、孩子已成为家庭农业生产的主要力量，农村的老龄化和农业的兼业化、副业化趋势明显，小规模的传统农业生产方式难以为继，"谁来种地、谁来养猪"的问题对农业发展带来严峻的挑战。培育专业大户、家庭农场、发展农民合作社和龙头企业，构建经营主体多元化、经营方式多样化的新型农业经营体系，已成为加快我国现代农业发展的客观要求。

（二）国内外市场融合程度进一步加深，农业的市场风险和国际竞争压力日益加剧，迫切需要培育新型农业经营主体，提升农业抗风险能力和市场竞争能力

一方面，自从我国加入世界贸易组织以来，农业对外开放的程度快速提升，国际农产品供求和价格波动对国内市场的影响越来越大；另一方面，国内市场体系不断完善，期货市场快速发展，宏观经济形势和资本市场变化已成为影响农产品市场的重要因素。在国内外供求、能源、资本等多种因素相互交织、相互叠加的影响下，我国农产品市场波动幅度加大、频率加快。与此同时，我国农产品进出口规模不断扩大，尤其

是近年来大豆、棉花、玉米、油料等大宗农产品进口急剧增加，对国内农业生产的压力明显增强。以传统农户为生产主体、以众多农民经纪人为购销主力的农业经营体系，无论是面对剧烈变化的农产品市场，还是面对大量农产品进口的冲击，都显得力不从心。加快培育农业企业、农民合作社等新型农业经营主体，提高产加销、贸工农一体化程度，延长产业链，推动产前、产中、产后各环节深度融合，提高农业的组织化程度和农产品附加值，已成为我国农业应对市场风险和国际竞争的必然选择。

（三）资源环境约束增强和农产品需求刚性增长的矛盾日益凸显，原有的依靠资源和劳动投入推动农业增长的方式难以为继，迫切需要培育新型农业经营主体，加快转变农业发展方式

一方面，我国人多地少水缺的矛盾突出，城镇化、工业化的快速发展又要占用土地和水资源，进一步加剧了水土资源对农业生产的约束；另一方面，随着城镇化的加快、城乡居民食品消费结构的升级、农产品工业用途需求的增加，农产品需求呈现刚性增长趋势。虽然粮食连续十年增产丰收，但主要农产品供给已经由 20 世纪 90 年代的总量平衡、丰年有余，转变为目前的基本平衡、结构性短缺、长期偏紧，保障粮食安全和重要农产品供给的压力明显加大。在资源环境约束增强和粮食需求增长双重矛盾的制约下，必须加快转变农业发展方式，更多地采用先进科学技术和生产手段，增加技术、资本等生产要素投入，着力提高土地产出率、资源利用率和农业劳动生产率，增强农业综合生产能力和可持续发展能力。与传统的小农户相比，专业大户、家庭农场等规模经营主体更能接受和采用新品种、新技术，对现代生产要素需求更为强烈；专业合作社、龙头企业等作为现代生产要素有效集成的载体，能为农户提供技术指导和服务。因此，大力培育新型农业经营主体，对推进农业集约化经营、加快转变农业发展方式意义重大。

（四）随着经济发展和收入水平的提高，城乡居民对农产品质量安全的要求明显增强，迫切需要培育新型农业经营主体，构建"从田头到餐桌"的食品质量安全保障体系

进入新世纪以来，随着经济的快速发展，城乡居民收入快速增加，消费能力不断提升，加上互联网带来的发达资讯，大大增强了城乡消费者的安全健康意识，对农产品质量安全要求日益提高。以传统农户为主体的小生产和以小商贩农民经纪人为主体的流通格局相结合的生产供应模式，不仅为食品质量安全监管带来了极大的困难，也难以建立覆盖全过程的标准化管理体系和质量追溯体系。发展新型农业经营主体，通过专业大户、专业合作社、龙头企业、社会化服务等组织形式，可以将分散的农户组织起来进行生产，统一生产资料供应和技术规程，实现全过程、全产业链的质量管理，建立"从餐桌到田头"的质量追溯制度，保障农产品质量和食品安全，满足城乡消费者的要求。

我国农村土地流转速度明显加快，农业规模经营比例明显上升；生猪、蛋鸡、肉鸡规模化养殖比例上升，畜牧业规模经营迅速发展；耕种收综合机械化率大幅度上升，农业机械化快速发展。专业大户、家庭农场、农民专业合作社、农业产业化龙头企业蓬勃发展，新型农业社会化服务体系初步建立，加快培育新型经营主体的基础和条件已经成熟。

二、构建多主体多形式的新型农业经营体系

（一）中国农业经营体系的演变过程

农业经营体系的演进大致可分为五个阶段。第一阶段，1978 年党的十一届三中全会召开，普遍推行以家庭联产承包责任制为主要内容的农村经济体制改革，废除人民公社，到 1983 年底实行包干到户的农户占全部农户数量的 98%。第二阶段，1991 年《中共中央关于进一步加强农业和农村工作的决定》提出，把以家庭联产承包为主的责任制、统

分结合的双层经营体制，作为我国乡村集体经济组织的一项基本制度长期稳定下来，并不断充实完善。第三阶段，1998年党的十五届三中全会通过的《中共中央关于农业和农村工作若干重大问题的决定》提出，要长期稳定以家庭承包经营为基础、统分结合的双层经营体制。家庭承包经营是集体经济组织内部的一个经营层次，是双层经营体制的基础，家庭经营具有广泛的适应性和旺盛的生命力，必须长期坚持。第四阶段，2008年党的十七届三中全会《中共中央关于推进农村改革发展若干重大问题的决定》提出，推进农业经营体制机制创新，加快农业经营方式转变。家庭经营要向采用先进科技和生产手段的方向转变，着力提高集约化水平；统一经营要向发展农户联合与合作，形成多元化、多层次、多形式经营服务体系的方向转变，着力提高组织化程度。第五阶段，2012年党的十八大报告和2013年党的十八届三中全会《中共中央关于全面深化改革若干重大问题的决定》提出，坚持和完善农村基本经营制度，构建集约化、专业化、组织化、社会化相结合的新型农业经营体系。坚持家庭经营在农业中的基础性地位，推进家庭经营、集体经营、合作经营、企业经营等共同发展的农业经营方式创新。

（二）新型农业经营体系的框架结构

新型农业经营体系是指以家庭承包经营为基础，以新型农业经营主体为核心，以农业社会化服务和农村金融服务为支撑的立体式、复合型的现代农业经营体系。培育新型农业经营主体，创新农业经营方式，家庭承包经营是基础，并且会随着农村生产力的发展而不断完善，是其他经营主体扩大经营规模的源泉，而且会随着工业化、城镇化的发展而逐步分化；专业大户、家庭农场是在家庭经营基础上发展起来的新的农业经营主体，是构建新型农业经营体系的骨干，是商品农产品特别是大田作物农产品的主要提供者，是发展合作经营的核心力量；农民合作社是以家庭经营为基础、由农户联合与合作组织起来的农业经营组织形式，是构建新型农业经营体系的中坚，是引领家庭经营主体参与国内外市场竞争的重要力量，是联结各类农业经营主体的桥梁和纽带；农业企业经营是从事农产品运销、储藏、加工发展起来的农业经营方式，是构建新型农业经营体系的引领，是分散经营有效对接社会化大市场的重要平台，是带动其他经营主体分享产业链增值收益的核心力量；农业社会化服务和农村金融服务是为农业经营主体提供生产服务和融资服务的组织体系，是构建新型农业经营体系的主要支撑，是维系其他农业经营主体健康发展不可或缺的重要依托，是推进现代农业发展的基本保障（见图1-1）。

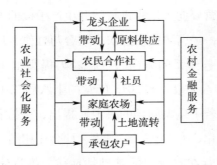

图1-1　新型农业经营体系的框架结构

三、新型农业经营体系的主要组织形式和经营特点

（一）专业大户和家庭农场

专业大户和家庭农场是在农村分工分业发展的背景下，逐步形成的以家庭成员为主要劳动力，面向市场从事集约化、专业化、标准化生产经营，以务农为家庭收入主要来源的农业生产经营组织。专业大户和家庭农场具有经营规模较大、不存在委托代理、契约化交易为主、监督成本较低等基本特征。据农业部有关机构统计，到2012年底，全国有种粮大户68.2万个，经营耕地面积1.34亿亩，占全国耕地总面积的7.3%；全国生猪、肉鸡、奶牛规模养殖户数量已超过一半；全国共有

符合统计标准的家庭农场 87.7 万个,经营耕地面积 1.76 亿亩,占全国承包耕地面积的 13.4%;其中从事种养业的家庭农场达到 86.1 万个,占家庭农场总数的 98.2%。

(二)农民专业合作社和股份合作社

农民合作社是农户为提高市场谈判地位、降低生产和交易成本、增强融资和抗风险能力、分享生产经营增值收益,通过联合与合作组建起来的一种生产经营组织形式。专业合作社是在家庭承包经营基础上,由同类农产品的生产经营者或生产经营服务的提供者、利用者,实行自愿联合、民主管理的互助性经济组织。股份合作社是农民以土地或资产入股方式组建起来的合作性经济组织。农民合作社的基本特征是:成员以农民为主体、决策实行一人一票、分配主要按惠顾额返还,通过横向联合扩大经营规模。据国家工商总局统计,到 2013 年 6 月末,全国登记注册的农民专业合作社已达到 82.8 万家,实有成员 6 540 万户,占农户总数的 25.2%。其中种植业合作社占 45.9%,养殖业合作社占 27.7%。由专业合作社组建的联合社有 5 600 多家。

表 1－1　　　　　2008—2013 年农民专业合作社发展概况

单位:万个、万亿元

年份	数量	出资总额
2008	11.09	0.09
2009	24.64	0.25
2010	37.91	0.45
2011	52.17	0.72
2012	68.90	1.10
2013	98.24	1.89

资料来源:国家工商总局。

(三)农业产业化龙头企业和公司制经营方式

公司制经营方式是市场化程度较高的现代农业经营组织形式。公司制企业具有产权明晰、治理结构完善、管理效率较高，以及技术装备先进、融资和抗风险能力较强、产品附加值高、辐射带动能力较强等基本特征。农业产业化龙头企业主要从事农产品生产、加工或流通，并通过各种利益联结机制与农户相联系，使农产品生产、加工、销售有机结合，实行一体化经营。据农业部有关机构统计，到 2013 年底，全国有各类龙头企业近 12 万家，其中种植业、畜牧业、水产业的龙头企业数量分别占 56.9%、27.4% 和 6.6%。以龙头企业为主体的各类产业化经营组织辐射带动全国 40% 以上的农户和 60% 以上的生产基地。龙头企业已成为工商资本进入农村、投资农业的主要形式和重要载体。

表 1-2　　　　2010—2013 年农业产业化龙头企业发展情况

单位：万家、万亿元

年份	数量	销售收入
2010	9.92	5.02
2011	11	5.7
2012	11.8	6.88
2013	12.33	7.86

资料来源：农业部农业产业化办公室。

（四）公益性服务组织和经营性服务组织

农业社会化服务组织大体上可以分为两类：一类是公益性服务组织，以国家设在基层的公益性服务机构为主体；另一类是经营性服务组织，即除公益性服务机构以外的其他各种服务组织。实际上，许多专业大户、农民合作社、龙头企业也都不同程度地为农户提供生产经营服务，它们既是经营主体，又是社会化服务组织。据农业部有关机构统计，到 2013 年末，全国各类农业公益性服务机构达到 15.2 万个，农业经营性服务组织（不包括农民专业合作社和农业产业化龙头企业）超过 100 万个，在农机作业、农作物病虫害统防统治、动物疫病防控等方面发挥着日益重要的作用。

表 1-3　　　　　　2012 年全国各层级农技推广机构情况　　单位：个、%

	机构数量	占总体比例	2012 年比 2011 年	
			增减量	增减率
全国机构数量	79 011	100	-19 501	-19.80
省级	260	0.33	-88	-25.30
地级	2 416	3.06	-786	-24.50
县级	19 573	24.77	-2 935	-13.04
乡镇	56 762	71.84	-15 692	-21.66

资料来源：农业部科技教育司：《2012 年全国基层农技推广体系发展情况分析报告》。

四、新型农业经营主体的基本特征和主要问题

（一）新型农业经营主体的基本特征

新型农业经营主体是在家庭承包经营基础上发展起来的经营方式，与传统的小规模农户经营方式相比具有现代农业经营组织的特征。

1. 以市场化为导向

自给自足是传统农户的主要特征，农产品商品率较低。根据市场需求发展商品化生产，是新型农业经营主体的基本特征。无论专业大户、家庭农场，还是农民合作社、农业企业、农业社会化服务组织，都是围绕农产品商品生产和提供农业生产性服务开展生产经营活动的。

2. 以专业化为手段

传统农户的农业生产"小而全"，兼业化经营倾向明显。随着农村生产力水平的提高和分工分业的发展，无论是种养农户、农机服务专业户，还是各种类型的农民合作社、社会化服务组织，都专注于农业生产经营活动的某一个领域、品种或环节，开展专业化的农业生产经营活动。

3. 以规模化为基础

受生产力水平低下的制约，传统农户扩大生产规模的能力较弱。随着农业生产技术装备水平的提高和农业基础设施条件的改善，特别是大量农村劳动力转移释放出土地资源后，新型农业经营主体为谋求较高收益，着力扩大农业经营规模，提高农业经营效益。

4. 以集约化为标志

传统农户缺乏资金和技术，主要依赖增加劳动投入，提高土地产出率。新型农业经营主体发挥资金、技术、装备、人才等优势，有效集成利用各类生产要素，增加农业生产经营投入，大幅度提高了土地产出率、劳动生产率和资源利用率。

（二）新型农业经营主体的主要问题

1. 主体地位不明确

国家还没有出台和实施关于专业大户和家庭农场等新型农业经营主体的登记管理办法，有的地方允许专业大户和家庭农场等新型农业经营主体在农口管理部门登记，但多数地方的专业大户和家庭农场等新型经营主体不能在工商部门登记注册，还是不具有法人地位的市场主体，严重制约了这些新型经营主体的发展，不利于扶持政策的贯彻落实。对近年来各地出现的一些土地股份合作社和土地股份公司，以及农村集体股份合作社和农村集体股份公司等新型农民合作经济组织，在登记注册方面还面临着法律和政策上的障碍，在运行管理方面还存在着较大的制约和风险。

2. 内部运行不规范

全国农民合作社大约1/3运行不规范，主要表现在：规章制度不完善，组织机构不健全，民主管理不落实，收益分配不合规等，部分农民合作社还存在着核心成员内部控制的突出问题。还有部分龙头企业尚未建立起现代企业制度，还没有与农户建立起比较紧密的利益联结机制，带动农户发展生产增加收入的能力不强，很多农户还未能公平分享到农业产业化经营的增值收益。

3. 经营服务跟不上

新型农业经营主体发展专业化生产，离不开现代化的服务组织提供专业化服务。一方面，农业社会化服务体系还不健全，公益性服务机构能力不强，经营性服务组织实力较弱，服务方式落后，服务内容单一，整体服务水平不高；另一方面，农业和农村金融服务滞后，商业性金融机构服务"三农"的义务和责任不强，合作性金融组织支持服务农业发展的能力较弱，政策性金融机构服务"三农"的业务范围不宽，金融产品和服务方式有待创新，农业保险品种和范围有待扩大。

4. 扶持政策不到位

近年来，国家对专业大户、家庭农场、农民合作社等新型经营主体，在农村土地流转、经营管理人员培训、农业补贴、设施建设用地、信贷服务、税收优惠等方面，出台了一系列扶持政策和措施。从政策制定层面看，对新型农业经营主体的扶持政策目标还不够明确，扶持措施还不够具体，有的政策支持力度还不够大。从政策执行情况看，只有部分得到了落实，还有很多没有得到落实。缺乏对政策执行过程和执行结果的监督和评估，致使对有些过时或不适应的政策措施不能进行及时的调整和完善。

五、培育新型农业经营主体的总体思路和基本要求

在全面建成小康社会进程中，以保障粮食和食品安全、促进农民持续增收为基本目标，以加快发展现代农业、推进农业现代化为主要任务，坚持和完善农村基本经营制度，坚持以家庭经营为基础，培育专业大户、家庭农场、农民合作社、农业企业，发展农业社会化服务和农村金融服务，推进资金、技术、管理、人才等现代农业生产要素向新型农业经营主体优化配置，加快构建集约化、专业化、组织化、社会化相结

合的新型农业经营体系，为现代农业发展提供动力和活力。

（一）根据农产品生产不同行业和农业生产过程不同环节选择不同的组织形式和经营方式

1. 坚持家庭经营基础地位，推进各类经营主体共同发展的农业经营方式创新

在坚持农村基本经营制度的前提下构建新型农业经营体系；是对以家庭承包经营为基础统分结合的双层经营体制的完善和发展。从"分"的层次看，主要是培育种养专业户、家庭农场，提高家庭经营的集约化、专业化和规模化水平；从"统"的层次看，主要是培育农民合作社、龙头企业和社会化服务组织，提高农业生产经营的组织化、社会化和产业化程度。广大承包农户仍将是农业生产经营的重要基础，将与各类新型农业经营主体共同构建我国现代农业经营体系。

2. 种养业生产适宜采取家庭经营方式，重点是培育发展专业大户和家庭农场

种植业和养殖业是经济再生产与自然再生产相互交织的过程，劳动对象是活的生物体，需要劳动者具备高度的责任心和主动性，及时对自然环境的变化作出积极的反应。以家庭为基本生产经营单位，成员利益高度一致，劳动责任心强、生产主动性高，符合种养业的特点和要求。从国内外的经验和实践看，家庭经营在种养业生产环节始终占据主导地位。尤其是大田作物需要在广阔田间进行生产，受自然环境影响较大，用工时间又不固定，实行家庭经营优势更加明显。

从事种养业的专业大户和家庭农场，也需要其他经营主体的服务和帮助，根据所从事行业和产品的不同特点采取适宜的经营方式。对粮棉油等大田农作物生产，适宜采取"家庭农场（专业大户）＋社会化服务组织"的经营方式；对果蔬、花卉、茶叶等鲜活农产品生产，适宜采取"家庭农场（专业大户）＋农民合作社"的经营方式；对畜禽等畜产品生产，适宜采取"家庭农场（专业大户）＋龙头企业"的经营方

式；对水产品养殖，适宜采取"家庭农场（专业大户）＋农民合作社＋社会化服务组织"的经营方式；对水产养殖和捕捞，适宜采取合作制或公司制经营方式。

在一些劳动力转移程度较高、第二产业和第三产业比较发达的地方，应把发展家庭农场作为主要发展方向。从实践来看，对于一些资金需求量大、技术要求高的规模种养业，如良种繁育、高标准设施农业，比较适合公司制经营。一些农村集体经济实力和组织管理能力较强的地方，也可以通过土地股份合作形式发展大田种植业。

3. 农资采购、农产品销售和农业生产性服务适宜采用合作经营方式，重点是发展农民合作社和农业社会化服务组织

农资采购、农产品销售和农业生产性服务占农业生产经营成本的比重较大，服务的专业性要求较强，可以从家庭经营中逐步分化和独立出来。与供应商、销售商相比，单个农户处于弱势地位，通过中介组织又会增加交易成本。实行合作经营，可以帮助农户提高市场的谈判能力，解决单家独户办不了、办不好、办起来又不划算等问题。从国际经验看，发展农民合作社可以解决上述问题并能够发挥重要作用。

发展合作经营，重点是在农资购买、农产品销售和农机作业、农业植保等生产性服务领域培育农民合作社。为满足成员多样化、多类型合作需求，也需要鼓励合作社开展内部信用合作、发展联合社，不断拓宽合作领域，创新合作方式。随着专业大户、家庭农场的发育成长，农民合作社发展的基础将会更加坚实。

适应农业生产经营主体多层次、多样化、多形式的社会化服务需求，运销专业户、农机大户、植保服务队、专业技术协会和专业服务公司等农业社会化服务组织将有较大的发展空间。

4. 农产品加工和物流环节适宜采取企业或公司制经营，重点是做大做强农业产业化龙头企业

农产品加工和物流环节资金需求量大、技术含量高、标准化程度

高，要求经营主体具备较强的融资能力、管理能力和市场反应能力。目前，家庭经营和相当数量的合作经营难以满足这些要求。从实践来看，公司制经营在这些领域具有较为明显的优势。国家鼓励和引导工商资本到农村发展适合企业化经营的现代种养业，向农业输入现代生产要素和经营模式，为专业农户、农民合作社提供产前、产中、产后服务，发展农业一体化经营。

发展农产品加工和物流业，重点是培育龙头企业，增强辐射带动能力，通过订单收购、二次返利、股份合作等多种形式，与农户、专业大户、家庭农场、农民合作社等经营主体有效对接，形成"风险共担、利益共享、合作共赢"的利益联结机制。

农户为更多分享到农产品加工和物流等环节的增值收益，将会通过农民合作社开拓农产品加工和流通业务。随着农民专业合作社走向联合、实力不断增强，农民合作社在农产品加工和流通领域里所占的份额将会越来越大。

（二）构建新型农业经营体系需要注意把握和处理好的几个重要关系

我国人多地少水缺，区域经济社会发展差别较大，不同经营主体和经营方式发展的条件和速度也不尽相同。因此，培育新型农业经营主体、创新农业经营方式、构建新型农业经营体系要立足我国基本国情，考虑区域经济社会发展差异，注重把握和处理好以下几个方面的重要关系。

1. 培育新型经营主体与稳定家庭承包经营

新型农业经营主体是在家庭承包经营的基础上发展起来的，处理好发展新型经营主体与稳定家庭承包经营的关系十分重要。农民合作社和龙头企业等新型经营主体，可以为家庭经营提供各种生产性服务，带动农户增加收入；家庭经营可以为农民合作社和龙头企业提供稳定的加工原料，通过延长产业链和扩充价值链实现农业增效增值。在制度和政策安排上，对家庭承包经营和新型经营主体都要给予扶持和发展。

2. 发展家庭农场、农民合作社与龙头企业

家庭农场、农民合作社和龙头企业等新型农业经营主体，在现代农业经营体系建设中具有不同的功能和作用。根据各类新型经营主体的不同特点，发挥各自的比较优势，鼓励家庭农场参与联合与合作，支持农民合作社参股兴办农产品流通加工企业，引导龙头企业创办合作社和带动家庭农场发展，努力形成各类主体互相促进、融合发展的新格局。

3. 培育新型经营主体与发展农业社会化服务

新型经营主体发展集约化的农业生产，需要农产品市场供求、农产品价格变化、农业生产技术、农村金融保险等一系列的专业化服务。有些服务已经超出了经营主体自我提供的能力，有些服务即便是能够自我提供但却要付出很高的成本，需要在更大的范围内由社会化的服务组织来提供。在培育新型农业经营主体时，更要重视发展农业社会化服务。

4. 发展农业适度规模经营与提高土地产出率

新型农业经营主体通过扩大经营规模，采用现代生产要素和经营模式，可以有效提高劳动生产率和土地产出率。如果经营规模过大，超过了自身的经营能力和管理水平，就会由原来的规模经济转变为规模不经济。培育新型农业经营主体要根据各地资源和市场条件、经营者管理能力和管理水平，发展农业适度规模经营。

5. 培育新型农业经营主体与促进农村劳动力转移

一方面，培育新型农业经营主体有利于转移农业剩余劳动力。新型农业经营主体往往有意愿、有能力使用机械来替代繁重的体力劳动，有利于提高农业劳动生产率。在机械不能替代劳动力的地方和生产环节，新型农业经营主体往往也会雇用一些年龄相对较大且经验丰富的劳动力。这样，既能够从土地上释放出部分剩余劳动力向非农产业转移，又能够有效利用不能够转移的农业劳动力。另一方面，培育新型农业经营

主体与促进农村劳动力转移就业要相互协调。要适应农业剩余劳动力转移就业的要求，积极稳妥地推进农村土地流转，培育和发展新型农业经营主体，发展多种形式的农业规模经营。

六、培育新型农业经营主体的重点任务和对策措施

（一）培育新型农业经营主体的重点任务

1. 鼓励土地承包经营权向专业大户和家庭农场流转，发展多种形式规模经营

提高农村土地流转管理服务水平，鼓励农民承包地向专业大户和家庭农场流转。一是健全农村土地承包经营权流转市场。加强土地流转平台建设，建立健全县乡村三级流转服务体系，开展流转供求信息、合同指导、价格协调、纠纷调解等服务，引导土地依法、自愿、平稳流转。在尊重农民意愿的前提下，积极推广委托流转、股份合作流转、季节性流转等方式，推进整村整组连片流转，提高规模经营水平。推广实物计租货币结算、租金动态调整、土地入股保底分红等利益分配方式，稳定土地流转关系，保护流转双方合法权益。二是建立土地优先向专业大户和家庭农场流转的有效机制。以资金扶持为导向，建立分层分级的补助标准，鼓励土地转出户与专业大户、家庭农场签订中长期租赁合同，发展稳定而适度的规模经营。三是建立示范性家庭农场认定培育机制。按照自愿原则开展家庭农场登记，建立示范性家庭农场认定、管理和培训制度，健全有针对性的财政、税收、金融等扶持政策。

2. 引导农民加强联合与合作，发展多种形式的新型农民合作组织

按照"积极发展、逐步规范、强化扶持、提升素质"的要求，大力发展多元化、多类型的农民合作组织。一是规范发展专业合作社。认真贯彻实施《农民专业合作社法》，指导合作社制定好符合本社实际的

章程，建立健全各项内部管理制度，切实做到民主办社、民主管理。二是稳步发展土地股份合作社。在集体经济实力和领导班子组织能力较强的地方，坚持农户自愿原则，稳妥推进土地股份合作社发展，开展农村土地股份合作社和农村集体股份合作社登记管理，防止假借合作的名义侵害农民的土地承包权益。三是鼓励发展农民合作社联合社。在专业合作基础上支持相同产业、相同产品的合作社组成联合社，落实和完善相关税收优惠政策，支持农民合作社发展农产品加工流通，着力发展农产品贮藏、销售和加工，提高市场竞争能力和带动农户能力。四是引导合作社开展内部信用合作。按照"限于成员内部、用于产业发展、入股不吸储、分红不分息"的原则，引导产业基础牢、经营规模大、带动能力强、信用记录好的农民合作社开展内部信用合作，建立健全相关规章制度，确保规范运行、健康发展。

3. 培育壮大农业产业化龙头企业，建立和完善利益联结机制

按照"优化配置、集约经营、规模发展、整体推进"的思路，进一步培育壮大龙头企业。一是做大做强龙头企业。支持龙头企业通过兼并、重组、收购、控股等方式，培育一批引领行业发展的领军企业。积极创建农业产业化示范基地，加强技术创新、质量检测、物流信息、品牌推介等公共服务平台建设，不断提升示范基地引领现代农业发展水平。二是完善与农户的利益联结机制。大力发展订单农业，规范合同内容和签订程序，明确权利责任。支持龙头企业与专业大户、家庭农场、合作社有效对接，鼓励龙头企业创办领办合作社，推进企业与合作社深度融合发展。鼓励农户、家庭农场、合作社以资金、技术等要素入股龙头企业，形成产权联合的利益共同体。三是引导工商资本到农村发展适合企业化经营的种养业。把工商资本进入农业同各类现代农业园区建设结合起来，引导工商资本依托农业园区发展现代农业，优化产业布局，夯实发展基础。把工商资本进入农业同各地农业产业发展规划结合起来，支持工商资本在良种繁育、高标准设施农业、科研示范推广等适合

企业化经营的领域发展种养业，鼓励工商资本开发荒山、荒沟、荒丘、荒滩和开展产前产中产后的加工、营销、技术等服务，不断增强辐射带动能力。

4. 构建农业社会化服务新机制，培育发展多元服务主体

按照"主体多元化、服务专业化、运行市场化"的方向，加快构建公益性服务与经营性服务相结合、专项服务与综合服务相协调的新型农业社会化服务体系。一是继续强化农业公益性服务体系。抓紧建立公共服务机构人员聘用制度，规范人员上岗条件，选择有真才实学的专业技术人员进入公共服务管理队伍。全面推行以公益性服务人员包村联户（合作社、企业、基地等）为主要模式的工作责任制度，逐步形成服务人员抓示范户、示范户带动辐射户的公益性服务工作新机制，不断增强乡镇公共服务机构的服务能力。二是加快培育农业经营性服务组织。采取政府订购、定向委托、奖励补助、招投标等方式，引导农民合作社、专业服务公司、专业技术协会、农民经纪人、涉农企业等经营性服务组织参与公益性服务，大力开展病虫害统防统治、动物疫病防控、农田灌排、地膜覆盖和回收等生产性服务。培育会计审计、资产评估、政策法律咨询等涉农中介服务组织。三是不断创新农业社会化服务方式。整合现有的涉农服务平台，在县级搭建集技术指导、农产品营销、农资供应、土地流转、农机服务、疫病防控等服务于一体的综合服务平台，促进农业社会化服务供需有效对接。积极推广"专业服务公司 + 合作社 + 农户"、"村集体经济组织 + 专业化服务队 + 农户"、"涉农企业 + 专家 + 农户"等服务模式，总结典型经验，发挥示范效应。四是开展农业社会化服务示范县创建。在全国选择一批领导重视、基础较好、经验具有普适性的县市，从培育服务主体、拓展服务领域、创新服务方式、营造发展环境等方面开展示范县创建工作，探索推动农业社会化服务工作的有效机制。及时指导和跟踪创建工作，注重提升示范引领效果，推动全国农业社会化服务体系建设迈上新台阶。

（二）培育新型农业经营主体的主要对策措施

1. 改革农村土地管理制度

第一，完善农村土地承包政策。全面开展农村土地确权登记颁证工作，探索承包权与经营权分离的途径和办法。在落实土地集体所有权的基础上，稳定承包权，放活经营权。"土地所有权证"体现土地集体所有的性质，"土地承包权证"体现集体经济组织的"成员权"，"土地经营权证"用于流转和抵押。

第二，健全土地有序流转机制。有关部门应尽快出台相关指导意见，支持地方建立土地规模经营扶持专项资金，鼓励农民承包地向专业大户、家庭农场、农民合作社等新型农业经营主体流转。抓紧研究制定具体实施办法，建立工商企业租赁农户承包地准入和监管制度，重点对企业资质、经营项目、流转合同、土地用途等进行审核，对项目投资进度、租金兑付情况、耕地资源保护等加强监管。

第三，加强土地基础条件建设。探索通过"互换并地"等方式解决承包土地细碎化问题，建议中央财政设立农民互换并地规模化整理专项资金，对组织开展互换并地成效明显的县（市、区）实行以奖代补。将土地确权登记、互换并地与农田基础设施建设结合起来，整合商品粮基地、高标准农田建设、农业综合开发、土地整理、农田水利等项目资金，大力建设连片成方、旱涝保收的优质农田。

2. 创新农村金融保险制度

第一，创新农村金融制度。首先是培育和发展各类新型农村金融机构，创新农村金融产品和服务方式，允许农民合作社开展信用合作，为新型农业经营主体提供资金支持。其次是扩大农村有效担保抵押物范围，建立健全金融机构风险分散机制，将新型农业经营主体的土地经营权、住房财产权、土地附属设施、大型农机具等纳入担保抵押物范围。再次是建立新型农业经营主体信用评定制度，开展新型农业经营主体信用评级，增加对新型农业经营主体的授信额度。最后是创新贷款担保机制，可以由财政出资成立担保公司为新型农业经营主体提供担保服务，也可以建立村级互助担保基金对新型农业经营主体贷款进行担保，还可以由龙头企业为合作社和家庭农场提供贷款担保。

第二，完善农业保险制度。首先是增设由政府财政支持的政策性农业保险品种，尤其是蔬菜、水果等风险系数较高的农作物品种。其次是建立政府财政支持的农业巨灾风险补偿基金，提高农业保险保费补贴标准，降低新型农业经营主体发展生产面临的自然风险。最后是针对种粮大户和种粮合作社，开展粮食产量指数保险和粮食价格指数保险补贴试点；以种粮收入为保险标的物，通过指数保险的方式，探索新型农业经营主体种粮目标收益保险补贴试点。

3. 加大财政资金支持力度

第一，新增农业补贴资金向新型农业经营主体倾斜，对达到一定规模或条件的家庭农场、农民合作社和龙头企业，在新增补贴资金中给予优先补贴或奖励，支持发展规模经营。

第二，对新型经营主体流转土地给予一定的流转费补助，以补偿当前较高的土地流转费用；对新型经营主体开展无公害农产品、绿色食品、有机农产品生产等给予奖励，以提高新型经营主体的生产标准化水平。

第三，加强对规模经营农户、家庭农场主、农民合作社负责人和经营管理人员、龙头企业负责人和经营管理人员以及技术人员的培训，以提高他们的生产技术能力和经营管理水平。

4. 完善农业设施用地政策

继续贯彻落实农业设施用地政策，优先保障新型农业经营主体的生产设施用地及附属设施用地。有效利用村庄内闲置地、建设用地或复垦土地，支持新型农业经营主体建设连栋温室、畜禽圈舍、水产养殖池塘、育种育苗、畜禽有机物处置、农机场库棚等生产设施，以及建设晾晒场、保鲜、烘干、仓储、初加工、生物质肥料生产等附属设施。对直接用于或者服务于农业生产的水域滩涂，按农业设施用地管理，并赋予长期的经营期限。在修订土地利用总体规划时，要充分考虑新型农业经营主体发展对农业设施用地的实际需要。

5. 建立健全人才培养机制

加强新型职业农民培养，从国家层面制定中长期新型职业农民培养规划，重点面向种养大户、家庭农场经营者、合作社带头人、农民经纪人、农机手和植保员等新型职业农民开展培训，培养大批农村适用专业技术人才。扩大农民培训规模，增加补助经费。探索建立家庭农场经营者的职业教育培训制度。建立合作社带头人人才库，建设合作社人才培养实训基地，着力打造高素质的合作社领军人才队伍和辅导员队伍。加强龙头企业负责人培训，培养一大批农业产业化发展急需的经营管理人才。制定和完善大中专院校毕业生到农村务农的政策措施，鼓励吸引毕业生兴办家庭农场和农民合作社。

6. 探索创新组织经营模式

第一，着力提高农业生产经营组织化程度。要高度重视农民专业合作社的规范发展，按照服务农民、进退自由、权利平等、管理民主的要求，扶持农民专业合作社加快发展，使之成为引领农民参与国内外市场竞争的现代农业经营组织。

第二，建立新型农业经营主体利益联结机制。推动龙头企业与专业合作社深度融合，推广"龙头企业+专业合作社（专业协会、集体经济组织）+家庭农场（专业大户）"的组织带动模式，鼓励农民以承包土地入股合作社或龙头企业，鼓励龙头企业开展利润返还、股份分红等多种方式，带动农民增加收入。鼓励发展混合所有制农业产业化龙头企业，推动集群发展，密切与农户、农民合作社的利益联结关系。

第二章

家庭承包经营的组织特征
与发展趋势

党的十八大报告提出了工业化、信息化、城镇化、农业现代化同步发展的要求，强调发展多种形式规模经营，构建集约化、专业化、组织化、社会化相结合的新型农业经营体系。2013 年中央一号文件也明确提出，着力构建集约化、专业化、组织化、社会化相结合的新型农业经营体系。新型农业经营体系是对以家庭经营为基础、统分结合双层经营体制的继承和发展，其基础还是以家庭承包经营为基础、统分结合的双层经营体制。也就是说，农户小规模家庭经营仍然是我国农业生产经营的最主要方式。那么，承包农户的发展经历了什么样的演变过程，现存问题有哪些，其发展趋势是什么？这些问题必须进行科学的分析才能够得到正确的答案。

一、家庭承包经营的产生与发展

（一）家庭承包经营制度的确立

1978 年 12 月，党的十一届三中全会抛弃了以阶级斗争为纲的指导路线，把党的工作重心转移到经济建设上来。这次全会深入讨论了《中共中央关于加快农业发展若干问题的决定（草案）》和《农村人民公社工作条例（试行草案）》，并同意将这两个文件发到省、自治区、直辖市讨论和试行。这两个文件保证了"包产到户"和"包干到户"为主要内容的责任制的推行。这一农村改革得到了邓小平同志的首肯。他在 1980 年 5 月 31 日的一次谈话中指出："农村改革放宽后，一些适宜搞包产到户的地方搞了包产到户，效果很好，变化很快。安徽省肥西县绝大多数生产队搞了包产到户，增产幅度很大。'凤阳花鼓'中唱的那个凤阳县，绝大多数生产队搞了大包干，也是一年翻身，改变面貌。有的同志担心，这样搞会不会影响了集体经济。我看这样的担心是不必要的。"

1982 年 1 月 1 日，中共中央批转《全国农村工作会议纪要》，这是我国农村改革中的第一个"一号文件"。该文件指出："截至目前，全国农村已有百分之九十以上的生产队建立了不同形式的农业生产责任制。""建立农业生产责任制的工作，获得如此迅速的进展，反映了亿万农民要求按照中国农村实际情况来发展社会主义农业的强烈愿望。生产责任制的建立，不但克服了集体经济中长期存在的吃'大锅饭'的弊端，而且通过劳动组织、计酬方法等环节的改进，带动了生产关系的部分调整，纠正了长期存在的管理过分集中、经营方式过于单一的缺点，使之更加适合于我国农村的经济状况。"

1983年1月2日，中共中央发出了《关于印发〈当前农村经济政策的若干问题〉的通知》（第二个"一号文件"）。该文件指出："党的十一届三中全会以来，我国农村发生了许多重大变化。其中影响最深远的是，普遍实行了多种形式的农业生产责任制，而联产承包制又越来越成为主要形式。联产承包制采取了统一经营与分散经营相结合的原则，使集体优越性和个人积极性同时得到发挥。这一制度的进一步完善和发展，必将使农业社会主义合作化的具体道路更加符合我国的实际。这是在党的领导下我国农民的伟大创造，是马克思主义农业合作化理论在我国实践中的新发展。"至此，以家庭联产承包为主的责任制就成为了我国农村集体经济组织中普遍实行的基本经营形式。1983年10月12日发布《中共中央、国务院关于实行政社分开建立乡政府的通知》，人民公社制度解体。"三级所有、队为基础"的农村经济体制被"交够国家的、留足集体的、剩下都是自己的"的农村经济体制所代替。

（二）从"15年不变"到"30年不变"再到"长久不变"

1984年的"一号文件"（《中共中央关于一九八四年农村工作的通知》）指出："土地承包期一般应在15年以上。在延长承包期以前群众有调整土地要求的，可以本着'大稳定、小调整'的原则，经过充分商量，由集体统一调整。"

1987年，《把农村改革引向深入》（中发〔1987〕5号）指出："要进一步稳定土地承包关系。只要承包户按照合同经营，在规定的承包期内不要变动，合同期满后，农户仍然可以连续承包。已经形成规模、实现了集约经营并切实增产的，可以根据承包者的要求，签订更长期的承包合同。"

由此可见，农户在土地承包权能方面拥有了很大的自主性，在国家层面上，为了充分保证农户特别是规模农户土地承包权方面，做了顶层设计。那么，农户分散的承包经营和集体统一经营是一种什么关系？《中共中央关于进一步加强农业和农村工作的决定》（中发〔1991〕21号）指出："把以家庭联产承包为主的责任制、统分结合的双层经营体制作为我国乡村集体经济组织的一项基本制度长期稳定下来，并且不断充实完善。把家庭承包经营这种经营方式引入集体经济，形成统一经营与分散经营相结合的双层经营体制，使农户有了生产经营自主权，又坚持了土地等基本生产资料公有制和必要的统一经营。这种双层经营体制，在统分结合的具体形式和内容上有很大的灵活性，可以容纳不同水平的生产力，具有广泛的适应性和旺盛的生命力。这是我国农民在党的领导下的伟大创造，是集体经济的自我完善和发展，绝不是解决温饱问题的权宜之计，一定要长期坚持，不能有任何的犹豫和动摇。"

针对农户 15 年的土地承包期已经到期或者即将到期的实际，1993 年 11 月又发布了《中共中央、国务院关于当前农业和农村经济发展的若干政策措施》（中发〔1993〕11 号），文件要求：为了稳定土地承包关系，鼓励农民增加投入，提高土地的生产率，在原定的承包期到期后，再延长 30 年不变；开垦荒地、营造林地、治沙改土等从事开发性生产的，承包期可以更长。为了避免出现土地频繁变更影响农业生产经营的现象，文件指出，要实行"增人不增地、减人不减地"的办法。

在农户还存在政策疑虑之际，江泽民同志在 1998 年视察安徽省时指出："中央关于土地承包的政策是非常明确的，就是承包期再延长三十年不变。而且三十年以后也没有必要再变。"

1999 年 3 月九届全国人大二次会议修订的《中华人民共和国宪法》把"以家庭承包经营为基础、统分结合的双层经营体制"写入宪法。这是首次将农村基本经营制度纳入根本大法。2002 年 8 月 29 日，九届全国人大常委会第 29 次会议通过了《中华人民共和国农村土地承包法》，该法明确指出了立法的根据是宪法。该法规定"承包期内，发包方不得调整承包地"。2007 年 3 月 16 日，十届全国人大五次会议通过的《中华人民共和国物权法》将土地承包权界定为用益物权。至此，我国农户拥有农地物权制度正式确立，为农户开展农业生产经营创造了良好的法制环境。笔者认为，关键是农户向"法治农户"转变的步伐在逐渐加速。这为稳定农户发展生产、增加长期农业投资，保护地力和增加自身收入等都具有重要的现实意义与深远意义。

2006 年，在全国"两会"记者招待会上，温家宝总理在回答记者提问时强调："15 年不变，30 年不变，就是说永久不变。"2008 年 10 月 12 日，党的十七届三中全会通过的《中共中央关于推进农村改革发展若干重大问题的决定》指出："赋予农民更加充分而有保障的土地承包经营权，现有土地承包关系要保持稳定并长久不变。"这一政策为农户从事农业生产经营吃了一个"定心丸"。关键是为农户生活保障建成了一道坚实的"防护墙"，使农地真正成为了农户最后的社会保障。

二、农户生产经营的基本状况

（一）农户家庭规模呈缩小趋势

总体上看，2012 年，全国农户有 26 802.32 万户，比 2005 年增加了 1 579.7 万户。全国有农村人口 97 065.63 万人，比 2005 年增加了 2 158.18 万人（见表 2 - 1）。然而，户均人口数量不断减少。另据全国农村固定观察点调查系统数据显示，2000 年以来，调查农户的家庭规模由 4.17 人下降到 3.92 人，年均减少 0.03 人。2009 年，调查农户的户均劳动力 2.82 人，其中农村户籍劳动力 2.65 人①。

表 2 - 1　　　　　2005—2012 年农户与人口数量　　单位：万户、万人

指标	2012 年	2011 年	2010 年	2009 年
农户数	26 802.32	26 606.97	26 384.62	25 975.67
乡村人口数	97 065.63	96 808.58	96 618.94	96 110.50
指标	2008 年	2007 年	2006 年	2005 年
农户数	25 663.53	25 434.91	25 268.40	25 222.62
乡村人口数	95 579.63	95 094.72	94 813.31	94 907.45

资料来源：国家统计局网站，http://data.stats.gov.cn。

国家统计局在 2012 年对 73 750 户农户进行了调查，结果显示，2012 年农户户均 3.9 人，比 2004 年减少了 0.2 人，其中低收入户、中等偏下户、中等收入户、中等偏上户和高收入户都呈现出减少趋势，减少幅度最大的是中等偏上户和高收入户，户均减少 0.3 人（见表 2 - 2）。

表 2 - 2　　　　2004—2012 年五等分组农户户均常住人口数量　　单位：人

指标	2012 年	2011 年	2010 年	2009 年	2008 年	2007 年	2006 年	2005 年	2004 年
农户户均	3.9	3.9	4.0	4.0	4.0	4.0	4.1	4.1	4.1
低收入户	4.4	4.5	4.5	4.5	4.5	4.6	4.6	4.6	4.6
中等偏下户	4.2	4.2	4.3	4.3	4.3	4.3	4.3	4.4	4.3
中等收入户	4.0	3.9	4.0	4.1	4.1	4.1	4.1	4.1	4.1
中等偏上户	3.6	3.6	3.7	3.8	3.8	3.8	3.8	3.9	3.9
高收入户	3.2	3.2	3.3	3.4	3.4	3.4	3.5	3.5	3.5

资料来源：国家统计局网站，http://data.stats.gov.cn。

---

①　资料来源：中共中央政策研究室、农业部农村固定观察点办公室：《全国农村固定观察点调查数据汇编（2000—2009）》，北京，中国农业出版社，2010。

（二）农村劳动力女性化趋势明显

农村劳动力结构变化的另外一个主要特征是女性化趋势加强。根据笔者针对重庆市江津区农民创业协会组织的 115 名新疆"摘棉工"的调查，其中女性 91 名，约占总数的 80%。虽然受"摘棉工"工作属性影响，更倾向招募女工，但是我们仍然可以从中观察出农村劳动力女性化的趋势。另外，有学者从留守妇女的角度分析了女性劳动力在农业生产中的作用。吕绍清（2010）经过对 600 名留守妇女的调查，结果显示 71.2% 的妇女以纯务农为主，在农忙季节，大部分留守妇女每天要在地里劳动 10 个小时以上，比例为 70%。

（三）农村劳动力老龄化程度加深

农业部新型职业农民培育重大问题课题组基于全国农村固定观察点对分布在 31 个省（自治区、直辖市）、355 个行政村的 23 000 个固定农户样本 2003—2012 年的调查数据，分析了近十年来农村劳动力特别是从事农业生产的劳动力的特征及变化趋势，经数据分析，全部村劳动力平均一年从事农业劳动的时间，由 2003 年的 105.5 天下降到 2012 年的 72.5 天，下降了 31.3%。考虑到种粮用工时间较少和农民兼业化、务农老龄化的实际情况，课题组将 16 岁以上，具有农业户口，不是在校学生，在乡镇内从事农业劳动时间超过 60 天的人员统计为务农劳动力。按照这个标准，2003—2012 年，务农劳动力的平均年龄由 43.8 岁增加到 48.9 岁，年均增长 0.5 岁，明显高于农村劳动力年均增长 0.28 岁的水平。务农劳动力与农村劳动力平均年龄的差距在不断扩大，由 2003 年的 4.0 岁增加到 2012 年的 6.3 岁。从农村劳动力在不同行业的年龄分布情况来看，目前从事农业生产的农村劳动力，年龄主要集中在 40 岁以上，占全部从事农业生产人数的 75.9%，30 岁以下的 80 后和 90 后务农劳动力仅占务农劳动力总数的 11.0%（见表 2-3）。务农劳动力平均年龄接近 50 岁，部分地区甚至达到 55 岁以上，妇女占 63% 左右。

表2-3　　　2012年农村劳动力分行业不同年龄段分布情况　　单位：%

年龄分组	16～20岁	21～30岁	31～40岁	41～50岁	51～60岁	60岁以上	合计
农林牧渔业	1.2	9.8	13.2	24.8	28.9	22.2	100
采矿业	3.4	29.1	23.1	25.0	13.3	6.0	100
制造业	4.8	36.9	24.7	20.7	9.8	3.3	100
电力、燃气及水的生产和供应业	4.3	30.1	24.2	23.6	13.4	4.3	100
建筑业	2.2	20.1	23.5	30.8	18.2	5.3	100
交通运输、仓储和邮政业	1.3	26.2	33.0	22.1	12.7	4.7	100
批发和零售业	3.6	28.9	22.7	24.6	13.5	6.6	100
住宿和餐饮业	6.3	36.3	21.5	19.5	12.2	4.2	100
租赁和商务服务业	5.3	49.1	20.5	15.4	7.3	2.4	100
居民服务和其他服务业	4.6	29.9	20.5	18.7	17.0	9.4	100
其他	4.4	32.0	17.8	16.7	15.8	13.4	100

资料来源：《农业部新型职业农民培育重大问题课题研究报告》。

（四）农户依然是土地流转的主体

近年来，我国农村土地流转速度明显加快，总体平稳有序。2011—2013年，全国家庭承包经营耕地流转面积从2.3亿亩增加到3.4亿亩。截至2014年6月底，全国家庭承包经营耕地流转面积达到3.8亿亩，比2013年底增长12.2%；流转面积占家庭承包耕地总面积的比重为28.8%，比2013年底提高2.8个百分点。从流入的主体来看，尽管流转入农民专业合作社的比重持续上升，但农户依然是家庭承包耕地流转的主体。2011—2013年，流入农户的面积占总面积的比重分别为67.6%、64.7%、60.3%。同时，流转出承包耕地的农户数量也在增加，2011—2013年，从3 877万户增加到5 261万户（见表2-4）。这说明，农户在我国土地流转中扮演着重要角色，不仅是土地转出的主要来源，也是土地转入的主体。

表 2-4　　　　　　　　农户家庭承包耕地流转情况

项目	2011 年	2012 年	2013 年
（一）家庭承包耕地流转总面积（万亩）	22 793	27 833	34 102
（二）家庭承包耕地流转去向（万亩）			
1. 流转入农户的面积	15 416	18 006	20 559
2. 流转入专业合作社的面积	3 055	4 410	6 944
3. 流转入企业的面积	1 908	2 556	3 220
4. 流转入其他主体的面积	2 415	2 860	3 378
（三）流转出承包耕地的农户数（万户）	3 877	4 439	5 261

资料来源：农业部。

三、农户生产经营的组织特征

（一）农户生产经营的本质

农户存在的意义何在？要回答这个问题还要从广义的大规模的农户的功能说起。农户具有经济、社会、生态和文化等功能。从行为科学理论分析，中国农户追求的是一种"小富即安"的生活，即追求的是"采菊东篱下，悠然见南山"的"幸福经济"。中国农户还致力于从事被社会认可的活动，即通过自身的生产和经营行为争得一席社会地位，当然为了维持家庭成员的生存和发展也是其社会价值的追求目标。中国农户还致力于生态保护，从现有的有一定社会责任感的农户行为来考察，在农业生产经营时他们往往在追求经济利益的同时也考虑到环保问题，有机农业、循环农业模式的探索就是这部分农户的行为目标之一。中国农户还是一个文化传承单位。农户成员之间的价值观碰撞与交融，反作用于农户的行为取向。

可见，中国农户的需要是多方面的，其存在和发展的动机是多样化的，行为目标是一束而不是一个，而且在很多时候其他价值往往大于经济职能，具体见图2-1。

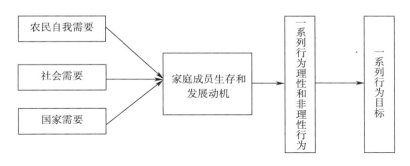

图2-1　中国农户生产经营的行为发生机理

有学者认为，农户作为一个独立行为主体，具有特殊的经济利益目标，成为农村经济中的"利益主体"；在农户这个经济单位中，所有者、经营者和劳动者合一；农户为追求自己的特殊利益目标，在一定条件下采取一切可能的行动，成为农村经济中的"行为主体"；农户在经济行为选择的决策过程中，不存在生产投资与生活消费的摩擦和矛盾（宋洪远，1994）。

（二）农户生产经营的优势分析

概括而言，农户生产经营具有以下优势。

首先，小规模赢得了"船小好掉头"效应。家庭承包责任制的变革在不同地区、不同社队都经历了从不联产到联产、从包产到组到包产到户、从包产到户到包干到户三个层次的深化过程。最后层次的结果是，集体仍然拥有实质上的土地产权，农民在拥有土地使用权和其他一部分生产资料的条件下从事相对独立的农业生产经营活动。农户通过家庭活动进行自我组织。集体主要通过承包形式将农业产权的外部经济部分内部化。这种统分结合的农业生产过程不仅在决策方面获取了双重决策的优化效益，同时也极大地挖掘了农户的农业生产经营潜能，最终将社会主义集体农业的优越性同农民的自主经营的积极性结合起来。

1978 年以来，中国农业经营组织的制度变迁以家庭承包经营为其逻辑起点，在农村社区集体经济组织配合中维持着中国传统社会稳态结构的前提下，建立起了具有统一与分散兼容特性的农村产权体系。这种经营组织体系的存在为农村经济社会的发展奠定了良好的基础，1984年与 1978 年农业状况比较，农业状况有所改善。

当农业微观组织创新能量释放到一定限度，特别是农产品短缺状况基本消除和农业国际化成为世界农业经济发展总趋势以后，小生产与大市场的矛盾日益突出。正因为如此，农业经济学界、农村社会学界甚至政府机构中的很多人以农业双层经营体制现存的制度缺陷为根据，主张废除这种组织形式，在新的历史时期应该重新构建我国农业（农民）的组织化体系。

农户对农业生产力的容量具有很大的弹性，这既适应传统农业生产的客观要求，也适应现代农业经营的需求。更为重要的是，农民家庭经营组织适应农民的组织习惯和心理状况，节约农业生产经营成本和费用，特别是节约监督成本和费用。笔者认为，这种能够节约农业经营监督成本的微观组织在农业现代化演进过程中不会也不应该立即消除。从长期来看，中国国情决定了农户家庭经营仍然是新型经营主体的基础。

其次，农户是农业产业链上的基础性力量。农业产业化经营的基础是农户。农户面对来自国际上农民组织化程度很高的农业公司和以盈利最大化为主要宗旨的国内涉农企业的激烈竞争，农民家庭经营组织将通过多种创新手段走合作化道路，以组织化、规模化、市场化、社会化、科技化模式提高经济组织化程度，以此增加农业比较收益。在世界贸易组织框架下，中国农民必将长期面临着严峻的国际市场的挑战，最大的挑战之一就是分散农户的小生产难以与组织化的大市场相抗衡。目前，农民组织化程度的高低在一定意义上已经决定了中国农业市场化与国际化程度和竞争力的强弱。竞争与合作是现代市场经济运行的必备机制，没有农民组织化程度的提高就不会出现发达的市场农业。这是农业发展过程中体现出来的重要的国际经验。无论是国内的农业市场主体，还是国内的新型农业经营主体，他们的存在和发展离不开普通农户的存在和发展。

最后，农户的多功能减弱了农户发展的"路径依赖"。农户具有经济、社会、生态和文化等功能。这就减弱了农户生产和经营目标的依赖性。农户不同于其他市场主体，它的存在意义是广泛的。

四、农户生产经营面临的形势、问题和挑战

（一）农户生产经营面临的经济社会形势

1. 农户生产经营的内外部环境发生了重大变化

随着我国经济进入新常态、改革进入深水区、经济社会发展进入新阶段，农业发展的内外环境正在发生深刻变化，给农户生产经营带来了巨大影响。从宏观经济角度来看，新常态下经济增速从高速增长转向中高速增长，经济发展方式从规模速度型粗放增长转向质量效率型集约增长，农户的发展环境、条件和要求都将发生相应变化。农户的生产经营既拥有前所未有的机遇，也面临巨大的挑战。近年来我国农业现代化加快推进，但各种风险和结构性矛盾也在积累聚集，突出表现在以下几个方面。

一是农业资源偏紧和生态环境恶化的制约日益突出。多年来资源条件已经绷得很紧，农业面源污染、耕地质量下降、地下水超采等问题日益凸显；特别是温饱问题解决后，社会公众对生态环境和农产品质量安全要求更高，迫切需要消费安全、放心的优质农产品。

二是农村劳动力结构变化的挑战日益突出。农村劳动力大量转移，务农劳动力素质结构性下降，农业兼业化、农民老龄化、农村空心化问题突出，今后"谁来种地"、"如何种地"的问题已很现实地摆在我们面前。

三是农业生产成本上升与比较效益下降矛盾更加凸显。土地、劳动力等生产要素价格持续攀升，特别是人工成本快速上涨，农产品价格却弱势运行，农业利润空间受到挤压。破解资源环境约束、生产成本上升、城乡收入差距等难题，农户依靠自身力量实现经营稳定十分困难。

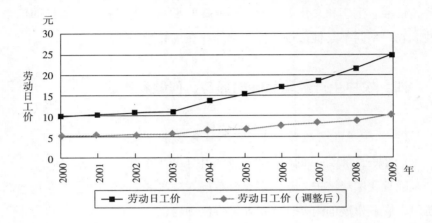

资料来源：《全国农产品成本收益资料汇编（2010）》。

图2-2　种植业中每劳动日工价的变化

四是国内外农产品价格倒挂的矛盾日益突出。国际市场大宗农产品价格下降，已不同程度低于我国国内同类产品价格，导致进口持续增加，成本"地板"与价格"天花板"给我国农业持续发展带来双重挤压。上述这些问题都不是短暂现象，带有明显的阶段性特征。这些问题都对农户的生产经营产生巨大的影响。

五是农户受到农业国际化的巨大冲击。孟山都、正大、杜邦等国家大型农业企业集团纷纷进入中国市场，对中国农户的影响也是深远的。一方面，中国在世界贸易组织框架下农户的生产量、价格和就业会受到影响，当然就会影响到农户的收入状况。另一方面，农户因为有了更多的市场选择，所以在生产经营决策方面具有更大的自主性。另外，对于不同产业结构安排下农户而言，影响程度存在着差别，种植粮食、油料、棉花等农户的收入状况受到较大的冲击，而对于蔬菜、水果的种植户而言是一个利好的环境。这种状况不仅会放大农业发展的地区性差距，也会拉大不同产业安排的农户的收入差距。

2. 农户生产经营也拥有前所未有的发展机遇

一是政府的农业支持保护力度不断加大。我国农业补贴经历了十几年的渐进式扩增，不断增加品种、扩大范围、提高标准，形成了以促进粮食、肉、蛋、奶等重要农产品生产为主要目标，以直补农民、大户和合作社等农业生产经营主体为主要方式，以生产直接补贴、技术服务补贴、生态资源保护奖补贴和风险防范补贴四大板块为主要内容，相对广覆盖、低标准的农业补贴政策架构。

表 2－5　　　　农村税费改革、生产补贴、公共品投入及

支持政策（2003—2013 年）

年份	农民负担及税费改革	生产补贴	公共品投入（部分）
2003	全面推开农村税费改革；专项治理建房、义务教育和进城务工乱收费；取消农业特产税；逐步降低农业税税率	继续实施良种补贴	加大农村中小型基础设施建设力度；探索建立政策性农业保险制度
2004	降低农业税税率，取消除烟叶外的农业特产税；试点取消农业税；农村义务教育全面推行"一费制"	实施良种补贴、农机具购置补贴、种粮直接补贴	
2005	扩大农业税免征范围，加大减征力度	继续加大"两减免、三补贴"等政策实施力度；设立小型农田水利设施建设补助专项资金	加大对小型农田水利基础设施建设的投入力度；政府补助、农民自愿出资出劳，建立保障农田水利建设的长效机制；增加政府投入

年份	农民负担及税费改革	生产补贴	公共品投入（部分）
2006	全面取消农业税；防止"一事一议"加重农民负担；治理乱收费；对西部地区农村义务教育阶段学生全部免除学杂费，对其中的贫困家庭学生免除课本费和补助寄宿生生活费	对粮食主产区种粮直接补贴的资金规模提高到粮食风险基金的50%以上；增加良种补贴和农机具购置补贴；开始建立农资综合直接补贴制度	新增教育、卫生、文化财政支出主要用于农村，各级政府基础设施建设投资重点放在农业和农村；推进农村综合改革；推进新型农村合作医疗制度试点工作
2007	全面实现农村义务教育免除学杂费，对家庭经济困难学生免除课本费并补助寄宿生生活费	种粮农民直接补贴资金达粮食风险基金的50%以上；实施能繁殖母猪和奶牛良种补贴	实现农村最低生活保障制度全覆盖
2008	全面实现农村义务教育"两免一补"		实现新型农村合作医疗全覆盖
2009	对中等职业学校农村家庭经济困难学生和涉农专业学生实行免费	显著增加农业补贴；实现水稻、小麦、玉米、棉花良种补贴全覆盖，扩大油菜、大豆良种补贴范围；逐步加大对专业大户、家庭农场种粮补贴力度	推行农村新型社会养老保险试点
2010	继续推进农村中等职业教育免费进程	扩大马铃薯补贴范围，分别启动和实施青稞与花生良种补贴；把牧、林业和抗旱节水机械设备纳入农机具购置补贴范围；落实小麦最低收购价政策，继续提高稻谷最低收购价	逐步提高新型农村合作医疗筹资水平、政府补助标准和保障水平；扩大农村危房改造试点；继续支持游牧民定居工程

年份	农民负担及税费改革	生产补贴	公共品投入（部分）
2011	继续提高新农合补助标准	继续增加对农生产补贴，新增补贴重点向主产区、重点品种、专业大户、农民专业合作组织倾斜；增加中央财政对粮油、生猪调出大县一般性转移支付，扩大奖补规模和范围	推进饮水安全建设，"十二五"期间基本解决新增农村饮水不安全人口饮水问题；多渠道筹集资金，力争今后十年全社会水利年均投入比2010年高出一倍
2012	进一步提高涉农学科（专业）生均拨款标准；加大国家励志奖学金和助学金对高等学校涉农专业学生倾斜力度；对未升学的农村高初中毕业生免费提供农业技能培训等	提高种粮直补水平；落实农资综合补贴动态调整机制，适时增加补贴；加大良种补贴力度；扩大农机具购置补贴规模和范围，进一步完善补贴机制和管理办法	继续增加中央财政小型农田水利设施建设补助专项资金，实现小型农田水利重点县建设基本覆盖农业大县
2013		落实种粮直补和良种补贴政策，扩大农机具购置补贴规模，完善农资综合补贴动态调整机制；新增补贴向主产区和优势产区集中，向专业大户、家庭农场、农民合作社等新型生产经营主体倾斜	扩大小型农田水利重点县覆盖范围，及时足额计提并管好用好从土地出让收益中提取的农田水利建设资金；加大公共财政对农村基础设施建设的覆盖力度

资料来源：孔祥智：《农业政策学》，北京，高等教育出版社，2014。

从近几年的生产补贴情况看，2004—2012 年九年间，仅农业"四补贴"资金就由 145.2 亿元增加到 1 700.6 亿元，增加了十倍多，九年来共向农民发放补贴 7 920.2 亿元。随着国家经济实力的进一步增强，增加农业补贴规模，扩大补贴覆盖范围，通过转移支付增加农民收入将是未来一个时期支持农业发展的基本做法。

表 2 - 6　　　　　2004 年以来农业"四补贴"情况　　单位：亿元、%

年份	种粮补贴	良种补贴	农机具补贴	农资综合补贴	四项合计	增幅
2004	116	28.5	0.7		145.2	
2005	132	37.5	3		172.5	18.8
2006	142	41.5	6	120	309.5	79.4
2007	151	66.6	20	276	513.6	65.9
2008	151	123.4	40	716	1 030.4	100.6
2009	190	198.5	130	756	1 274.5	23.7
2010	151	204	154.9	835	1 334.9	5.5
2011	151	278	175	835	1 439	7.0
2012	151	514.6	200	835	1 700.6	18.2

资料来源：根据历年《中国农业年鉴》及相关政府文件材料整理。

二是新型职业农民培育工程启动实施。为了培养造就高素质农业劳动者，探索解决"谁来种地"问题，我国正在大力构建新型职业农民培育体系。2014 年，中央财政投入 11 亿元用于新型职业农民培育，重点培育家庭农场、农民专业合作社、农业企业及社会化服务组织等新型农业生产经营主体的骨干农民，预计全年培育新型职业农民突破 100 万人。同时，在 2012 年确定的 100 个试点县基础上，进一步扩大试点示范范围，在陕西和山西 2 个整省、14 个整市和 300 个示范县开展重点示范培育，建立健全培训体系，探索构建新型职业农民培育制度。在条件能力建设方面，加快推进空中课堂、田间课堂、流动课堂和智慧农民云平台一体化建设。2014 年首批安排 6 000 多万元，实施"农业部新型职业农民流动课堂"建设项目，重点支持试点示范区 319 所县级农广校，强化重点示范区教育培训支撑能力。

三是土地承包经营权确权登记颁证顺利推进。2014 年，农业部抓紧抓实农村土地承包经营权确权登记颁证工作，选择三个省作为整省推进试点，其他省（自治区、直辖市）至少选择 1 个整县推进试点；继续深化对土地承包关系长久不变及土地经营权抵押、担保、入股等问题的研究，按照审慎、稳妥的原则，配合有关部门选择部分地区开展土地经营权抵押担保试点，研究提出具体规范意见，推动修订相关法律法规。

（二）农户生产经营存在的主要问题

1. 农户经营土地规模较小

如表 2 - 7 所示，从 2011 年到 2013 年，家庭承包经营的耕地面积从 127 735 万亩增加到 132 709 万亩。与此同时，家庭承包经营的农户数也从 22 884 万户增加到了 23 009 万户，增加了 125 万户。但平均而言，2011—2013 年，平均每个农户承包经营的耕地面积分别为 5.58 亩、5.70 亩和 5.77 亩。另据中国经济体制改革研究会农村状况调查课题组资料显示，东部地区 5 亩及以下的户占比高达 70% 以上；东北地区规模较大户的比例（22.4%）显著高于平均水平（3.7%）。而且，种植户按家庭总人口（包括家庭中外出者）人均耕地 1.8 亩，按常住人口平均每人 2.1 亩。在调研样本覆盖的地区，平均种植规模仍然很小，较大规模户比例很低。

表 2 - 7　　　　　　　　农村耕地承包经营情况

项　　目	2011 年	2012 年	2013 年
（一）家庭承包经营的耕地面积（万亩）	127 735	131 045	132 709
（二）家庭承包经营的农户数（万户）	22 884	22 976	23 009
（三）家庭承包合同份数（万份）	22 167	22 192	22 251

续表

项　目	2011 年	2012 年	2013 年
（四）颁发土地承包经营权证份数（万份）	20 818	20 855	20 738
其中：以其他方式承包颁发的	71	78	75
（五）机动地面积	2 394	2 469	2 579

资料来源：农业部。

据一项调查表明，在全部样本中，种植户占总户数的 89.9%。种植户户均耕地 7.3 亩。其中耕地面积只有 5 亩及以下的户占到一半以上（56.6%）。有 30 亩及以上的户仅占 3.7%，其中种植 100 亩及以上的户仅占 0.3%。分地区看，东部地区 5 亩及以下的户占比高达 70% 以上；东北地区规模较大户的比例（22.4%）显著高于平均水平（3.7%）。种植户按家庭总人口（包括家庭中外出者）人均耕地 1.8 亩，按常住人口平均每人 2.1 亩。

2. 农户兼业化趋势明显

中国经济体制改革研究会农村状况调查课题组于 2013 年 1 月进行了一次全国范围的大型农村问卷调查。在课题组考察就业的 3 269 户样本中，常住人口就业者 7 807 人，其中只务农的占 54.2%；只非农就业的占 15.4%；其余 30.4% 是兼及农业与非农就业。兼业者中，38% 以务农为主，62% 以非农就业为主。务农者中以专门务农者为主（占 82.4%），兼业的为辅；常住人口中的非农就业者则是兼业的（占 55%）多于专门非农就业的（占 45%）。

3. 农民组织化程度仍比较低

中国经济体制改革研究会农村状况调查课题组资料显示，农合组织很不普遍。在全部样本户中，参加农合组织的农户仅占 1.4%。参加农合组织的 58 户样本在回答"农合组织对你家帮助大不大？"这一问题时，认为帮助大的（34.5%）比认为帮助不大的（8.6%）比例高，半数以上农户认为一般或不知道（占 56.9%）。大部分农民对农合组织持观望态度。我国目前分散的、狭小的、缺乏训练的农户却成为了农业组织体系的主体力量。面对着来自国外大农场、大型农业企业和训练有素的农业行业协会的竞争，我国农业组织体系显得势单力薄，致使组织化效益很难获得，当然也难以融入到农业国际化潮流当中去。

4. 农民持续增收仍然面临挑战

农户年人均纯收入与城镇居民年人均可支配收入比较低得多，近年来一直在 3∶1 以上。农民与城市居民的这种收入差距不仅会影响到农民生产经营的积极性，还会反映在其生活水平上与市民的差距。实际上，农民收入的这种相对性对于农民社会心理会产生重要影响。如果农民与市民的收入差距逐渐缩小，农民会感觉到从事农业生产经营的重要价值，感觉到自己的社会地位是较高的。反之会出现相反的情形。所以，近年来国家致力于缩小城乡居民收入差距是有深刻背景的。从国际来看，一个国家和地区公民平等性往往在收入差距上能够得到反映。

另外，农户成员的科技文化水平较低，扩大再生产的资金融通难等问题也很突出。农户应对风险的能力还比较低。各级政府虽然统筹安排项目资金，加强农业基础设施建设，但是配套资金不足。国家奖励和补贴农户的力度较低，影响了农户生产经营的积极性。大多数农户还是靠天吃饭，一旦遭受农业自然灾害就损失惨重，特别是农户获得的农业保险理赔额较低，规模化的农户在面对自然风险、市场风险和社会风险时也多数显得应变能力弱。种粮比较效益偏低，影响了农户对农业投入的积极性。

五、农户经营的分化与演进

（一）农户处于快速分化阶段

当前在工业化、城镇化快速发展的背景下，传统的小农生产和自给自足经济不断向商品生产和规模化经营跃升，而且有越来越多的农户将离开农业，农户处在快速的分化阶段。

第一类农户处在简单再生产的发展阶段，他们需要维持基本的生存和生活需要，对这类农户的功能定位就是自给半自给经济主体。这些农户一般是分布在老少边穷等经济欠发达地区。尽管这些农户在农户总体中没有占很大的比重，但是他们更需要得到更多的关爱。这类农户要通过政策扶持、经济带动、提升劳动力素质等方法使其纳入到市场农业中来，加速其由保障型农户向市场型农户转变的进程。

第二类农户有扩大再生产能力，与前一类处于简单再生产阶段的农户不同，这类专业农户拥有比较充足的资金、较完善的农业技术和管理才能。这类农户要定位于商品农产品生产。

第三类农户除了农业生产能力之外，还有某方面的农业服务能力，比如农业生产资料供应和技术指导、农产品经纪、农业信息提供等。这类农户要定位于农业生产服务。当然，也可以通过示范基地做一些准公益性的农业指导与服务，增强其影响力。

第四类农户具有较充足的资金、加工或者运输贮藏技术，这类农户的功能定位就是加工、销售、运输。农业生产与经营被这些环节的农户视为次要的，这类农户也可称为兼业农户。

第五类农户基本上是农忙时回乡，农闲时进城务工，这类农户也可以称为兼业农户。

第六类农户完全进城脱离了农业，从事的是工业或者第三产业，这类农户实际上已经脱离了农村，只是户籍意义上的农户。

（二）农户生产经营的发展趋势

处在简单再生产的发展阶段的农户可能借助于政策扶持、经济带动、提升劳动力素质等方法纳入到市场农业中来，由保障型农户向市场型农户转变。

专业农户（普通农户）发展商品农产品生产。在国家农地流转政策背景下其经营规模会逐渐扩大，有的专业农户会转变为专业大户或者家庭农场，抑或参加农民合作社，以增强自身的市场适应力和竞争力。专业大户以农业专业化分工为基础，打破"小而全"、"大而全"的农业生产经营模式，打破农业生产的家庭边界以后从事规模化经营，以市场需求为导向，从事商品性农业生产和服务。因此，在农民组织化和农村经济发展中扮演着重要角色。专业农户未来的发展方向是家庭农场，他们将成为职业农民的中坚力量。

农业生产服务农户会致力于向农户提供农业生产资料、加工、经纪、运输、贮藏、销售等服务。一部分发展较好的这类农户会注册农业服务类的公司、合作社，成为农业社会化服务体系中的重要力量。

农忙时回乡、农闲时进城务工的兼业农户将长期存在。但一部分兼业农户会逐渐转换为产业工人，脱离农业生产经营活动，甚至落户城镇。还有的农户完全进城脱离了农业，从事的是工业或者第三产业，这类农户会逐渐消亡。

农户经营将与社区性集体经营齐头并进。集体将在不剥夺农户经营自主权的前提下，将农户组织起来，搞好良种、机耕、排灌、栽培、技术、信息以及代购农业生产资料、疏通农产品销路、兴办农田水利等农业服务，以农业社会化服务业作为产业依托，在促进传统农业向现代农业改造的同时促进自身结构优化和升级。这种趋势既是农村社区性集体经济组织自身生存和发展的需要，又是国家贯彻农业政策时寻求行之有效的组织载体的理性选择。

六、农户生产经营的案例分析

（一）大庆市林甸县东兴乡的"吴家大院"

自从家庭承包经营责任制推行以来，绝大多数农户是小农户，不同于原来的家族制的大农户。但是，现在也有反例，大庆市林甸县东兴乡的"吴家大院"就是这样的例子。

案例 2-1

"吴家大院"共有30多口人。吴永德是这个"吴家大院"的"户主"。他认不得几个字，但多年走南闯北，见过大世面，思维也很现代。吴永德兄弟四个，他是老大。兄弟四个有七个儿女。吴永德将"吴家大院"的大权交给了自己的儿子吴久志。吴久志的儿子是一个现代农民，能够与客户签合同。吴家人不论老少都爱学习，看农业频道了解最新的农业资讯；年轻一点的经常用手机、电脑与客户联系，还时不时到外地"取经"。

"吴家大院"共同种植已经有30多年了，现在种植5万多亩大豆和玉米。由于机械化种植，全家并没有感觉到劳累。吴家共有100多台机械。每年，吴家用一起种地赚来的钱添置农机具、承包土地。吴家采取的是"家庭股份制"。一年所用的种子、化肥、柴油、机械等进行折旧，按股份核算。年终收入先留足明年生产费，余下的按入股数分红。

吴家在乡里包了2万多亩地，在内蒙古等地包了3万亩。种的是玉米、大豆、油菜和小麦，预计收入可达4 000多万元。吴家人重视农业技术，重视先进经验，重视农时、品种……吴家还帮助当地300多农户购买农业生产资料，节省了农户的成本和费用。吴家的大型机械除了自用外，还帮其他农民耕种，吴家每亩只收取30元，比市场价低10元钱。吴家还赊销给资金短缺的农户，秋后打粮再还。"国家政策好，种地错不了……"吴家人相信，他们今后的道路会越走越宽，农民的生活也会越来越好。

资料来源：根据中国农业机械化信息网材料整理，http://www. amic. agri. gov. cn。

（二）临沂市费县胡阳镇新和村的服务大户崔安柱

案例 2 - 2

崔安柱家共有 4 口人，儿子在南方某航空公司工作。女儿经过公务员考试，现在当地任公务员。崔安柱曾经是胡阳镇新和村的一名代课教师，后来务农。针对本镇西红柿"卖难"状况，崔安柱从联系客户到本镇收购西红柿开始，为当地的农户提供销售服务。由崔安柱等 6 户村民发起，2012 年 8 月 10 日成立了费县鑫鑫西红柿种植专业合作社。由崔安柱领办的合作社现在注册资金 522 万元，种植基地面积 10 000 余亩，现有注册社员 221 人。合作社现有管理人员及员工 15 人。理事 5 名、监事长 1 名，监事 3 名，另聘高级农艺师 2 名、会计师 1 名、出纳 1 名、检测师 1 名，是从事大棚蔬菜种植销售为主的技术服务性合作组织。目前，合作社拥有 1 200 平方米的办公区，建有农残检测室，建立了安全的农产品质量可追溯制度，拥有 12 000 平方米的"费县胡阳镇西红柿批发市场"，质量合格产品全部进入市场统一销售。达到了市县发展规划的要求与产业决策，即生产标准化、营销品牌化、发展规模化。

目前，崔安柱发起成立的农民专业合作社辐射周边发展优质蔬菜生产基地达 3 万亩，西红柿年产量 15 万吨，年产值达 1 亿元，实现当地群众户均增收 6 000 元以上，带动了当地两千余户农民发家致富。

资料来源：根据作者对崔安柱访谈（2014 - 08 - 29）材料整理。

（三）内蒙古鄂温克族自治旗巴彦塔拉民族乡的乌姓牧户

案例 2 - 3

乌姓牧户是当地收入中等偏上的牧户。他们家共有 5 口人，夫妇和 3 个子女，其中一个儿子在读书。2001 年，他们家盖了一栋砖瓦结构的房子和棚圈，造价约 5 万元。2008 年家庭生产经营收支状况见表 2 - 8。

表 2 - 8　　　2008 年乌姓牧户生产经营收支状况

	数量	单价（元）	金额（元）		数量	单价	金额（元）
羊	100 只	350	35 000	饲料	12 000 斤	0.8 元	9 600
羊毛	170 斤	5	850	棚圈围栏维护			5 000
羊绒	25 斤	100	2 500	打草雇工	2 人×20 天	90 元/人·天	3 600
牛	30 头	2 000	60 000	机械维护、燃料、防疫			8 500
皮张	10 张	45	450	草场租赁	1 000 亩	12 元/亩·年	12 000
总收入			98 800	总支出			38 700

资料来源：达林太、郑易生：《牧区与市场：牧民经济学》，北京，社会科学文献出版，2010。

七、结论和建议

（一）要因地制宜、因时制宜进行指导和服务以增加其收入

如前所述，农户具有多重功能，要根据实际情况进行分门别类，进行指导和服务。对于生存型农户要予以关照，通过多种途径帮助他们组织起来，争取成为发展型农户。农业要持续发展，应该通过推广技术、

增加投入、促进农业劳动力转移等手段提高农户的收益，调动广大农民生产经营的积极性。

（二）千方百计提高农户的组织化程度

可以针对不同农户的差异化需求，采取多种形式使他们组织起来。例如，通过普及合作社法律法规，探索合作社发展模式，总结国内外发展经验和教训，发展订单农业等形式来提高专业农户的竞争力。有学者科学分析影响农户订单农业的因素时指出，在其他条件不变的情况下，提升农户生产的商品化程度，增加生产家畜类、家禽类、茶叶类农产品的农户，适当地把离农产品销售市场很远的农户组织起来，加大政府的支持力度。因为上述因素是影响订单农业发展的主要因素（郭红东，2005），可以通过"市场＋公司＋合作社（协会）＋基地＋农户"等形式增强农户的组织化程度。

（三）加大财政和金融支农力度

各级政府和民间资本逐步加大对农业生产经营的投入，探索股份合作制等经济运行方式夯实农业发展的"硬件"和"软件"基础。积极探索金融支农惠农的有效举措，鼓励农户加入农民合作社，鼓励后者依法依规开展信用合作，破解农户融资难的问题。

（四）加大力度将专业农户成员培养成为新型职业农民

新型农民就是具有懂技术、会经营、善管理、能合作、肯奉献、有文化等特征的农民。要采取理论讲解和农民田间学校等实践教学方式培养新型职业农民。通过技术的、经济的、社会文化方面的教育和培训，使专业农户成员成为新型职业农民，而且能够长期从事农业生产经营。要制定和实行职业农民准入农业生产经营资格认证制度，让想从事农业生产经营的农民成为"留得下、发展好、地位高"的职业农民，以解决"谁来种地"、"谁来种好地"等问题。

中国农村金融论坛
CHINA RURAL FINANCE FORUM

第三章

家庭农场的组织特征
与制度安排

一、家庭农场的理论溯源

家庭农场（Family Farm）是一个舶来词，其本义是指在西方进入资本主义社会以后农业家庭经营出现的一种组织形式。进入资本主义社会以后，农业家庭经营向更高层次——家庭农场发展，其是以家庭为单位经营，是一种农民拥有生产资料的所有权或使用权，能自行决策，人身上不依附于地主的独立经营的经济组织。①

关于家庭农场的理论探讨，可以追溯到一个世纪以前关于俄国农业发展方向的"列宁—恰亚诺夫之争"。一派以马克思主义者为代表，其主要观点是农民家庭经济最终会被资本主义所改造。在经典马克思主义的论述中，商品经济的发展最终会导致拥有生产资料的资产阶级和与之对立的无产阶级的形成，即资本主义生产关系的形成。家庭农场或被资本主义农场所替代或被消解，农民则最终会被转化为资本主义农场和资本主义工业所需的廉价劳动力（马克思，2004〔1876〕）。列宁以俄国资本主义经济制度形成的经验分析农民分化的过程，他将农民划分为三个阶级：富农、中农、贫农，并提出富农将逐渐转化为农业资产阶级；贫农则会沦为无产阶级劳工；中农阶级中少数人会加入前者的行列，大多数人则会成为后者（列宁，1963〔1899〕）。马克思主义者强调在农业资本主义化过程中的农民分化，强调农业资产阶级和农业无产阶级的出现。资本主义对农民家庭经济的渗透，使农民被转化或将要被转化为上述两个阶级。在马克思主义者看来，家庭农业必然被资本主义所改造。列宁据此认为，资本主义是俄国农业发展的主导方向，因此农村和城市一样，也需要一场社会主义革命。

与之观点对立的另一派则以恰亚诺夫（Chayanov）为代表，强调小

---

① 西方农业经济组织大致经历了庄园制、工资制、租佃制再到家庭农场的演化路径，具体可以参见道格拉斯·诺斯和罗伯斯·托马斯所著的《西方世界的兴起》。

农经济能以其"农民生产方式"抵御资本主义的渗透，强调小农经济自身的运行逻辑，因此认为小农家庭经济不会被改造。恰亚诺夫认为"小农家庭农场"具有鲜明的特征：小农家庭既作为一个生产单位，也作为一个消费单位，其从事生产的目标不是为了追求最大利润，而是满足家庭成员的消费。也就是说，小农家庭所要维系的只是简单再生产，寻求的是在劳动辛苦程度和家庭成员需求满足之间的均衡（恰亚诺夫，1996）。在恰亚诺夫看来，小农家庭农场的这种特征具有超历史性的意义，历史环境只是一系列外在强加于小农家庭的力量，而小农家庭本身则有其内在的运行逻辑，他们只是在这种不变的逻辑之上对外在的力量作出应对。恰亚诺夫据此认为，与资本主义农业有着原则性区别的农民家庭农业将长期持续，并且继续占主导地位，因此，俄国需要的既不是资本主义也不是农业集体化，而是在一个市场经济环境中，通过农民合作组织，为家庭农业提供"纵向一体化"。这是当时关于俄国农业的主要分歧，黄宗智（2000、2010、2012）关于中国农业经济形态的分析也沿袭了恰亚诺夫的思想。

后来，俄国和社会主义苏联农业走上了集体化的道路，在农村普遍建立了集体农庄，计划经济体系也被全面确立。中国等其他社会主义国家也纷纷效仿，试图以农业的合作化、集体化、国有化来代替家庭经营、消灭家庭经营，结果经济效率普遍低下，农产品的供给长期难以满足日益增长的社会需要，纷纷回到以家庭经营为主的时代。

二、我国家庭农场的内涵和定位

（一）家庭农场的政策演进脉络

我国家庭农场的概念最早出自专业户和专业大户。1978年中国的改革从农村开始，家庭承包经营制度在全国迅速铺开，到1983年底实行包干到户的农户占全部农户数量的 98%。[1] 与此同时，一些具有经营头脑和专业特长的农户生产热情被调动起来，开展了专业化、商品化乃至规模化生产的探索实践，产生了一批专注农业生产、以农业收入为主的专业户。中央敏锐地注意到了这一趋势，并对这一生产经营主体给予了充分肯定。1983 年中央一号文件指出："近年来随着多种经营的开展和联产承包制的建立，出现了大批专业户（重点户），包括承包专业户和自营专业户，他们一开始就以商品生产者的面貌出现，讲求经济效益，充分利用零散的资金和劳力，发挥了农村各种能手的作用，促进了生产的专业分工和多样化的经济联合。"此后，中央文件又陆续提出了储运专业户、农机专业户、农产品运销专业户、种养专业大户等概念。2008 年，党的十七届三中全会提出了专业大户和家庭农场的概念，这是家庭农场第一次出现在中央的文件中。2013 年中央一号文件又进一步明确了针对专业大户和家庭农场在农业补贴、土地流转、技能培训等方面的扶持政策。2013 年 11 月召开的十八届三中全会强调加快构建新型农业经营体系，鼓励承包经营权在公开市场上向家庭农场等新型农业经营主体流转，发展多种形式的规模经营。

（二）家庭农场的概念辨识

从实践上看，家庭农场由来已久。200 年前美国就提出家庭农场是个由农民拥有生产资料、自行作出生产决策的经济形态，并在美国农业部《1998 年农业年鉴》中提出一个家庭农场要满足以下条件：（1）生产的农产品主要用于出售；（2）收入足以支付家庭和农场的日常运转；（3）家庭农场主具有管理农场的权利并自行管理农场；（4）家庭农场主和家庭成员提供主要的农业劳动力；（5）可以雇用季节工或长期稳定工人。俄罗斯制定了《家庭农场法》，对家庭农场的性质作出了具体规定，指出其由农民个人以及家庭成员组成，是享有法人权利的独立生产经营主体，利用终身占有或继承的土地和资产开展农产品生产、加工

---

[1]　张根生：《中国农村改革决策纪实》珠海，珠海出版社，1999。

和销售行为。在国内，上海、浙江、安徽、湖北等地也开展了家庭农场经营的探索，并主要从经营主体、经营规模、经营水平等方面给予了界定。

结合国内外的经验，本书认为，家庭农场是在农村分工分业迅猛发展的背景下，形成的以家庭成员为主要劳动力，面向市场从事集约化、专业化、标准化、规模化、商品化生产经营，并以务农收入为家庭主要收入来源的微观农业经营组织。家庭农场是农业现代化进程中社会分工演进和加强的产物，是农业经营微观基础的再造。家庭农场具备的适度规模、家庭经营、集约生产的特点，决定其适合在第二产业和第三产业较为发达、劳动力转移比较充分、要素市场发育良好的地区开展农业种养业生产，为生活消费和工业生产提供初级农产品和加工原料。

相比家庭农场，专业大户是一个比较通俗的说法，目前还没有严格的概念界定，一般而言是指经营规模比传统承包农户大，从事某一品种或某一行业生产的农业经营者。从这个意义上讲，专业大户和家庭农场并没有实质性的区别。当然，我们也可以把家庭农场看成专业大户的升级版，是企业化、法人化了的专业大户，这个问题需要相关部门进行严格的界定。本书认为，当前无论在理论上还是在实践上，我国家庭农场发展都处于比较初级的阶段，不宜硬性规定须在工商或民政部门注册，对符合家庭农场定义的经济组织只要在相关部门进行备案即可，以明确作为相关政策的扶持对象，是否进行登记注册应由家庭农场按自身实际来决定。这里可以看出，本书探讨的家庭农场是一个比较宽泛的概念，其涵盖了专业大户的内容。

（三）家庭农场的经营特点

总的来看，无论是专业大户还是家庭农场，一般都应符合以下几方面的经营特点。

第一，实行家庭经营。家庭农场是在家庭承包经营基础上发展起来的，其经营者一般是本地的农户家庭，直接从事农业生产，家庭成员构成主要的劳动力。从这个角度看，家庭农场本质上仍是家庭经营，是对农村基本经营制度的完善和发展。考虑到家庭农场的市场性、劳动分工的专业性、农业生产的季节性特点，本书认为，应允许聘用季节性临时工和固定员工，只要符合家庭成员构成主要的劳动力这一条件即可。

第二，以农业为主。家庭农场以从事农业为主，在农闲时也参与少量的非农劳动；在家庭收入构成上，农业收入是主要的收入来源，辅之相应的兼业收入。以农业经营为主、以农业收入为主是家庭农场主区别于传统农户的显著标志。传统农户家庭内部成员具有明显的分工，如年轻人参与非农就业获得工资性收入，老年人留守农村从事小规模农业生产经营，而且工资性收入构成了家庭收入的很大一部分。在这种经营模式下，不可避免地带来农业生产要素投入少、科技含量低、经营粗放等问题。而家庭农场主是以农业经营为主的经营模式，能有效提高农场主参与农业生产经营的激励，有利于资金要素的投入和科技要素的导入，推动农业的集约化生产。此外，家庭农场主长期从事农业生产，还有利于生产经验的积累和人力资本的提高，从长远看有利于培养一批懂生产、会经营的职业农民。

第三，规模较大。家庭农场顾名思义规模要比传统农户大，至于多大才算家庭农场，理论上没有明确的答案，实践中各地的操作也不一，有的地方把50亩以上就看成家庭农场，有的地方是100亩以上。本书认为，关于经营规模有很重要的一条标准，那就是家庭农场的农业收入要接近或达到条件类似家庭参与兼业劳动的收入，达不到这个标准，家庭农场经营就提供不了足够的激励，不能让农民安心务农、专心生产。当然，实行规模经营也有一个"度"的问题，规模过大，超过了家庭经营的能力，就会带来规模不经济，出现土地的边际投入效率下降的问题，在这种情况下，家庭农场经营就适应不了这一状况，需要通过合作社或企业来经营。因此，要根据各地的资源禀赋特点和农业经营水平，确定合适的"度"，从而更好地发挥家庭经营的优势。

第四，市场化导向。家庭农场以利润最大化为目标，依赖于市场而存在，具有进入市场的强烈动机，符合"经济人"的特点，无论是在产品市场还是在生产要素市场，都具有显著区别于传统小规模农户的市场化特征。在产品市场上，家庭农场根据市场价格与需求状况，发挥自身比较优势，选择生产具有竞争优势的农产品，把自身优势转化为产品优势，获得市场效益；在生产要素市场上，家庭农场并不局限于本家庭拥有的各类要素，还通过要素市场获得资金、土地、劳动力、技术等，来满足生产经营的需要。

三、我国家庭农场的发展状况

（一）总体发展状况

根据农业部的调查，截至2012年底，全国30个省、自治区、直辖市（不含西藏，下同）共有家庭农场87.7万个，经营耕地面积达到1.76亿亩，占全国承包耕地面积的13.4%。平均每个家庭农场有劳动力6.01人，其中家庭成员4.33人，长期雇工1.68人。2012年全国家庭农场经营总收入为1 620亿元，平均每个家庭农场经营收入18.47万元。

在全国家庭农场中，从事种植业的有40.95万个，占46.7%；从事养殖业的有39.93万个，占45.55%；从事种养结合的有5.26万个，占6%；从事其他行业的有1.52万个，占1.75%。

从经营耕地面积看，家庭农场平均经营规模达到200.2亩，是全国承包农户平均经营耕地面积7.5亩的近27倍。其中，经营规模50亩以下的有48.42万个，占家庭农场总数的55.5%；50~100亩的有18.98万个，占21.8%；100~500亩的有17.07万个，占19.7%；500~1 000亩的有1.58万个，占2.2%；1 000亩以上的有5 676个，占0.8%。

（二）地方的探索实践

近年来，在浙江宁波、上海松江、湖北武汉、吉林延边和安徽郎溪等农村劳动力转移程度较高的地区，开始按照"明确标准、认定管理、政策扶持"的原则，培育以集约化、专业化、机械化、规模化经营为特征的示范性家庭农场，取得了明显效果。吉林省延边州出台了《专业农场认定管理办法》，起草了《延边朝鲜族自治州促进专业（家庭）农场发展条例（草案）》，明确了专业（家庭）农场的认定标准、登记办法和扶持政策等。目前，全州已有家庭农场451个，经营土地面积35 719公顷。上海松江区出台了《关于进一步巩固家庭农场发展的指导意见》，明确了发展家庭农场的基本原则、准入条件、申报程序、退出机制和相关配套政策措施。截至目前，全区已有1 206户家庭农场，经营粮田13.66万亩，占水稻种植总面积的73%，较好地解决了粮食稳定增产、种粮农民增收等难题。安徽郎溪2009年成立了"家庭农场协会"，制定了《郎溪县家庭农场标准》，截至2011年底，全县家庭农场已达700多个，其成员人均纯收入已突破3万元，是全县人均纯收入的5倍以上。

专栏3-1

上海市松江区家庭农场的实践探索

松江区位于上海市西南，是上海市农副产品重要供给基地之一；部分区域位于黄浦江水源保护地，产业发展受到限制；同时随着农业劳动力大量非农化以及人口老龄化趋势的加剧，谁来种地问题凸显。松江区对发展家庭农场的探索始于2007年下半年，截至2012年底，全区有粮食家庭农场1 206户，经营面积13.66万亩，占全区粮田面积的80%。家庭农场在松江区取得了较快发展。

松江区政府从土地流转、经营者选拔、社会化服务等方面为家庭农场的发展提供保障。在推进土地向家庭农场流转方面，一是对土地流转行为进行了规范；二是通过发放到龄退养补助，鼓励老年农民流转承包土地；三是加强对直接种粮农民的政策扶持。在经营者选拔方面，通过明确准入条件、规范选拔程序、完善退出机制、稳定经营者队伍，培养家庭农场发展所需要的职业农民。在社会化服务方面，建立了专业化服务体系，推进设施农田和高水平农田建设，不断创新社会化服务模式。

松江区家庭农场的特征明显：一是生产组织形式以家庭为单位，主要依靠家庭成员，农业收入是家庭主要收入来源；二是家庭农场经营者基本上为本村农民，并且通过一定的专业培训，具备相应的农业生产技能和经营能力，掌握必要的种植养殖技术，达到"职业农民"的要求。三是家庭农场的经营规模控制在合理水平从而既保证规模效益的发挥，又能使更多农民分享到增收机会。

（三）发展中的一些问题

一是地方对家庭农场缺乏正确认识。尽管中央一号文件已经明确提出发展家庭农场，但从实践看，地方对示范性家庭农场还没有统一的认定标准，既存在概念模糊，也有认识不足的问题。例如有的认为工商企业或农民合作社才值得重视扶持；有的不理解家庭农场的具体内涵，搞不清与其他主体的本质区别；有的生产经营者不具备家庭农场的基本特征，却自称家庭农场。这一方面造成了各地政府难以出台有针对性的扶持政策和采取更加积极的促进措施；另一方面造成了农民对此没有认识，建设和发展家庭农场的积极性、主动性不高，缺乏目标和方向。

二是家庭农场租地用地难。由于我国人多地少的现实条件，发展家庭农场多数需要通过土地承包经营权流转扩大生产经营规模。在这个过程中，家庭农场经营者往往面临着土地流转市场不健全、信息不通畅、流转不规范等问题，因此可能导致经营规模不稳定。另外，受用地管理制度制约，家庭农场经营者使用农业生产设施用地难度也很大。

三是家庭农场科学管理水平还有待提高。受传统生产模式影响，家庭农场的管理往往比较粗放。同时，由于缺乏相关培训资源和机会，家庭农场在管理、营销、使用先进农业生产技术等方面的能力与现代农业要求还有很大差距。

四是缺乏针对家庭农场的财政、税收、金融、保险等扶持政策。由于家庭农场缺乏明确认定标准，在现实中带来的"眼球效益"又比不上大规模、大面积的工商企业租地项目，大多数地方政府还没有提供针对家庭农场的专门扶持政策，家庭农场在购买农机、建设仓储设施、获得技术支持等方面急需帮助。

四、从经济组织演变看家庭农场的组织优势和发展约束

（一）农业经济组织的演变

诺贝尔经济学奖获得者诺斯和托马斯在《西方世界的兴起》一书中指出："有效率的经济组织是经济增长的关键，一个有效率的经济组织在西欧的发展正是西方兴起的原因所在。"[①] 而在关于经济组织的理论研究中，首先遇到的问题是在现代社会中为何存在各种各样的组织形式？新制度经济学是用交易费用理论来研究组织问题的（张卫东，2010），认为由于存在不确定性、度量问题和执行问题，人们会选择不同的合约形式来组织生产和交易，这样就形成了不同的组织；在不同的组织里面，为了降低协调成本，人们采取了不同的治理结构；当外界的环境发生改变时，人们发现采用新的组织形式可以降低成本或增加收

---

① 道格拉斯·诺斯、罗伯斯·托马斯：《西方世界的兴起》，厉以平、蔡磊译，北京，华夏出版社，2009。

益，于是一种组织就向另一种组织演变。这里可以清楚地看到，新制度经济学分析组织的主要因素就是成本，各种组织都是在约束条件下使协调成本和执行成本极小化的产物。

斯拉恩·埃格特森（2004）把不同的组织看成不同的合约形式，指出在竞争性市场达到均衡时，如果同时存在几种类型的合约，那么我们可以断定各种合约都可以使人们从等值的投入中获得等值的净收益，但资源配置和资产的贬值结果却可能不一样。埃格特森提出，同时存在几种类型的合约并不意味着是无效率的，因为人们是可以在不同的合约之间进行选择的，在竞争的条件下，没有人会选择收益较低的合约。人们之所以会选择不同的合约，是因为在不同条件下可以用不同的方法降低交易费用，并满足人们的不同偏好。在环境条件发生改变时，为更好地满足人们的需求，一定会有新的合约形式出现，这种新的合约形式的出现就意味着组织的变化。因此，我们的目标应是确定资源的变化带来资源配置和经济组织怎么样变化（巴泽尔，1997）。

在分析家庭农场的组织特征以前，有必要简单介绍当前我国小规模农户经营的演化方向。从当前我国的农业经营组织发展来看，主要有三个方向：一是通过与农业企业结成利益共同体，发展订单农业，开展农业产业化经营，这实际上是一种纵向一体化形式；二是小规模农户自身联合起来，发展农民专业合作社，提高市场谈判地位和进入能力，这是一种横向一体化形式；三是通过流转他人土地，扩大经营规模，发展专业大户和家庭农场，这是一种基于规模效益实现成本节约的形式。当前，这三种类型的农业经营组织在我国都得到了快速发展。据农业部的数据显示，截至2012年底，经营面积在100亩以上的专业大户、家庭农场超过270多万户；在工商部门依法登记的农民专业合作社达到70万家，实有成员5 450万户，占农户总数的21%；各类龙头企业近12万家，辐射带动全国40%以上的农户和60%以上的生产基地。

根据新制度经济学组织理论，本书认为，三种类型的农业经营组织形式都是在既定的条件下通过市场自发选择的结果，本身并无孰优孰劣之分，是综合比较各类组织交易费用高低的结果。目前的文献对产业化经营和农民专业合作社经营的制度特征都有大量的分析，总的看来，对农业产业化经营的批评主要集中在龙头企业与农户地位不对等，小农户处于支配地位（周立群、曹利群，2001、2002；刘凤琴，2003）；农民合作社由于广泛存在的搭便车行为，运作往往名不副实，且容易陷入合作社负责人控制的局面（郭红东，2011；孔祥智，2012）。作为家庭农场这一经营形式的制度分析，目前的文献还比较少，且不系统。本书利用新制度经济学的相关理论，从组织优势和发展约束两个方面，对家庭农场的制度特征做一分析。

（二）家庭农场的组织优势

家庭农场是规模化的农户，从这个意义上来讲，其既具备家庭经营的某些特征，又具有一定的规模主体的特征，家庭农场的组织优势可以概括为以下五个方面。

第一，适应农业生产的特征。农业是自然再生产和经济再生产的统一，农产品是不可间断的生命连续生长过程的结果。在农业生产中，作物生长的季节性、周期性、生产过程的有序性，决定了农业生产要根据季节、按照农时依次进行各种作业，各个生产环节呈现继起性，而不像工业生产那样具有并列性；此外，由于农业生产时间和劳动时间的不一致，引起农业劳动需求具有不均衡性，决定了农业生产不能像工业生产那样把各种资源要素集中起来，采取多种和大量作业同时进行的方式，因此农业生产不适合采用工厂化劳动，而更适合采取家庭经营的方式。正如法国农业经济学家罗歇·韦利所说："真正的农业，卓有成效的农业，一定要以个人负责为基础。"

第二，可以获得规模效益。我国耕地资源匮乏，据第二次全国土地调查数据显示，2012 年人均耕地仅为 1.52 亩，农户户均耕地不足半公顷，不到世界平均水平的一半。根据国内学者对我国土地最优使用规模的测算（罗必良，2000；吴江、钱贵霞、李宁辉，2004；武晓山、赵铮，2010），目前我国的土地耕作规模远未达到土地产出率最大的规模。也就是说，受资产专用性和设备不可分性的影响，我国小农户生产普遍处于边际产出大于边际成本的区间。因此，通过发展家庭农场，提高耕地使用规模，可以降低单位产出的成本，提高劳动生产率和资源利用率。此外，由于规模化的提升，增强了农户的市场进入能力和谈判能力，还降低了单位产出的交易费用。

第三，不存在委托代理问题。从契约性质来看，家庭农场属于典型的业主所有制。业主所有制是指在经营单位内，剩余索取者和最终决策者同为一个人的企业体制（埃格特森，2004）。在这种组织形式下，一方面，家庭农场由于不存在共同所有权问题，且家庭成员的利益函数和目标函数具有一致性，最大程度降低了集体决策成本；另一方面，家庭农场的委托人和代理人角色重合，所有者—管理者承担了他制定决策的所有财富结果，市场为家庭农场主提供了完全的激励，不存在由所有权和控制权相分离引起的代理人问题。

第四，具有契约化交易特征。纳尔逊（1970）在一篇开创性文献中，首次区分了搜寻型商品和经验型商品。农产品是一种典型的经验型商品，经验型商品的概念揭示，如果卖者不能从其声誉投资行为中得到好处，他就缺乏足够的动力向市场提供高质量的经验型商品，因而低劣商品会把高质量商品驱逐出市场，这就是阿克洛夫著名的"柠檬市场"的含义。一般情况下，小规模农户由于生产产品总量小，参与市场交易的对象不固定，搜寻费用、商议费用和实施费用都比较高，且交易行为属于单次博弈，如此一来，小规模农户就缺乏保障农产品质量的激励。与传统农户相比，家庭农场一般规模较大，且具有一定的专用性资产，属于市场中的"非匿名交易者"，交易对象一般比较固定，交易多为无限期重复博弈，交易行为具有明显的契约化特征，搜寻费用、商议费用和实施费用等交易费用也相对较低，这促使家庭农场注重声誉投资和品牌商誉投资，使得交易行为具有较强的稳定性，能有效抑制搭便车和欺骗行为，避免了过度度量，有助于保障农产品质量。

第五，监督成本低。新制度经济学在分析农业经营组织时，一般将农业合约分为与家庭农场相联系的租佃合同以及与资本主义农场相联系的工资合同。相比租佃合同，工资合同下工人就可以通过偷懒（Shirking）而获益，他们投入的努力就会比起他们自我雇用时付出的努力要少（巴泽尔，1997）。也就是说，家庭农场由于家庭成员具有利他性的特征，监督成本很低甚至没有监督成本，这是资本主义农场不可比拟的优势。

（三）家庭农场的发展约束

一是水平化问题（Horizon Problem）。水平化问题是个人业主制普遍存在的问题，是指企业的所有者只能利用自身的积累进行投资，受投资视野的限制，很难将规模做大。一般来说，如果所有者从投资中获得净收入流的时间与他渴望的消费过程之间有冲突的话，就会产生水平化问题。对我国家庭农场而言，家庭农场的融资成本极高或很难在外部获取资金，这制约了家庭农场的发展。而且家庭农场的市场价值紧密依赖于家庭农场主的人力资本，一旦家庭农场主退出农业经营，家庭农场再转手的价值就会很低。因此，无论是家庭农场还是外部投资者都很难有动力进行长期投资，家庭农场的壮大和持续发展就会受到限制。

二是多样化问题（Diversification Problem）。由于家庭农场主要依靠家庭成员的劳动力，农场收入也构成了家庭的主要收入。在家庭将大部分人力和财力都投向家庭农场时，就产生了与分散投资相比较的问题。根据资产组合理论，风险厌恶者可以投资于几种相关性很小的项目来降低风险。在家庭农场中，过分依赖人力资本、依赖内部融资，必然出现很高的风险。相比兼业农户而言，兼业户将劳动分散于农业和非农就业中，这就有效分散了农业生产中由自然风险、市场风险和质量风险相互叠加产生的风险。尤其在我国农产品期货市场和农业保险还不健全的背景下，家庭农场的多样化问题更加突显。

三是出现专业化损失（Losses in Specialization）。在家庭农场中，家庭农场主拥有土地的使用权，又拥有劳动的使用权。为了使家庭农场收入最大化，家庭农场主既要从事维护土地及防止土壤受到侵蚀的活动，又要投资于维持并提高其耕作技能的活动。一个人拥有两种资产，就不可能像两个人拥有两种资产那样，有利于专业化（巴泽尔，1997）。也就是说，家庭农场丧失了从事专业化分工而带来的效率的提高。特别是在当前我国农业社会化服务体系不健全、社会化服务组织发育不完善的情况下，家庭农场主不得不从事农业生产相关的主要活动，专业化损失也更加明显。

四是合约的不完全性。威廉姆森（1985）在研究合约问题时引入了三个关键假定——有限理性、机会主义、资产专用性，进一步发展了交易费用理论。在我国家庭农场的要素配置中，除了劳动力主要由家庭成员提供以外，土地、资金等要素往往从要素市场上获取。从土地要素看，由于有限理论和机会主义的存在，农户一般不愿将土地长期流转给家庭农场耕种，以至于很多地方的家庭农场需要每两年甚至每年都要与农户签订土地出租合约，这无疑大幅增加了流转土地的交易费用；此外，一旦投资完成且流转合同期结束，家庭农场主在土地上的投资将形成"沉没成本"，流出土地的农户还能利用家庭农场以及投入专用性投资而处于"套牢"状态进行要挟，以获得最大的利益。因此，在这种短期租约下，家庭农场主也不愿在土地上进行长期的投资以改良土壤，甚至存在透支性使用土地以致损坏土壤肥力的现象。从资金要素看，家庭农场贷款前后也存在机会主义行为。由于我国信用评价机制的缺乏，贷款者并不完全了解家庭农场的信用状况和项目的风险和收益；在签约后，资产的专用性和信息不对称在一定程度上存在，由于贷款人对借款人的监督费用很高，因而道德风险可能会特别严重。

五、通过制度创新消解突出问题

以上分析了家庭农场的组织特征，其政策含义显而易见，即通过变迁制度消解家庭农场经营的发展约束，以降低家庭农场参与市场的交易费用。为此，本书提出以下政策建议。

（一）变革土地管理制度

土地是家庭农场最为重要的生产要素，流转他人土地开展规模经营是我国家庭农场的显著特征。为稳定家庭农场主的预期、降低土地要素的市场交易费用，建议从三个方面变革土地管理制度。一是进一步明晰土地产权，推进土地承包权确权，打消农户流转土地的后顾之忧。土地承包权的确权和"长久不变"，赋予了农民长久、充分而有保障的土地权利，可以说是继20世纪70年代末"大包干"制度以来另一个具有重大里程碑意义的土地制度变迁。土地确权事关每个农户的切身利益，既要积极推进，又要稳妥慎重，不能回避矛盾和问题，切忌急于求成。本书认为，承包经营权确权原则应以二轮延包的承包合同为基础，对于二轮延包以来发生的土地承包关系变化以及引发的土地承包纠纷，要基于法律和历史，依托村民代表大会、土地调解仲裁机构以及司法机关，妥善解决这些问题。二是放活土地权利，加快建立土地经营权流转有形市场，规范土地流转合同管理，强化土地流转契约执行，消除土地流转中的诸多不确定性，让流入土地的家庭农场具有稳定的预期；将经营权从承包经营权中分离出来，通过修改相关法律，推进所有权、承包权和经营权"三权分离"，进一步落实所有权、稳定承包权、放活经营权。当然，经营权的放活仍要以承包户的自愿为基础，不能搞强迫性、命令式的产权交易。三是在第二产业和第三产业较为发达、劳动力转移比较充分、农业收入只占家庭收入很小比重的地区开展土地股份制试点，对农户的承包地"确权不确地"、"确量不确块"，即每位农户的土地规模是确定的，但土地的位置是不确定的，农户以土地入股，由集体经济组织发包给家庭农场经营，这种办法能更加稳定家庭农场的预期，降低土地流转中的信息不对称和交易费用。

（二）完善农村金融制度

资金短缺是家庭农场普遍面临的制约因素，也是导致水平化问题的重要因素，完善农村金融制度是推进农业组织创新的当务之急。为破除家庭农场的资金困局，建议从四个方面变革农村金融制度：一是培育和引入各类新型农村金融机构为农村地区开展金融产品供给和金融服务创新，打破由一家或两家金融机构垄断农村资金市场的局面，允许农民合作社开展信用合作，为家庭农场提供资金支持，形成多元主体、良性竞争的市场格局；二是扩展有效担保抵押物范围，建立健全金融机构风险分散机制，将家庭农场的土地经营权、农房、土地附属设施、大型农机具、仓单等纳入担保抵押物范围；三是建立家庭农场信用档案，开展家庭农场信用评级，改善当地金融生态和信用环境，加大对家庭农场的授信额度；四是创新担保机制，因地制宜采取形式多样的担保办法，既可以由财政出资成立担保公司为家庭农场进行担保，也可以成立村级的互助担保资金对家庭农场贷款进行担保，还可以由家庭农场联结的龙头企业为家庭农场提供担保或家庭农场参加的农民合作社开展信用合作为家庭农场提供担保。

（三）加大对家庭农场的财政支持

在经济组织演进中，除了低成本组织取代高成本组织，政府的行为也对经济组织演进起到引导和推动的作用。在目前我国家庭农场进入成本高、经营风险大的状况下，加大对家庭农场的财政支持以补偿进入成本和不确定性显得非常必要。当前，财政支持政策有以下几个方面的选择：一是对达到一定规模的家庭农场给予直接补贴或奖励，以鼓励规模经营的发展；二是对家庭农场流入土地给予一定的流转费补助，以补偿当前较高的土地流转费用；三是对家庭农场贷款给予一定的财政贴息，以降低家庭农场进入资本市场的成本；四是对家庭农场开展无公害农产品、绿色食品、有机农产品等质量安全认证给予奖励，以提高家庭农场生产的标准化水平；五是加大对家庭农场培训的支持力度，以提高家庭农场生产的集约化程度。需要注意的是，为保持政策的稳定性和权威性，对家庭农场的支持应在增量资金中进行，对原有小规模农户的直接补贴等存量资金应保持稳定。

（四）健全农业保险制度

农业保险对于化解农业自然风险具有举足轻重的作用，家庭农场单一资产配置的现状对农业保险提出了更为迫切的需求。健全农业保险制度应从三个方面入手：一是创设针对当地特点的财政支持下的政策性农业保险品种，尤其是蔬菜、水果等风险系数较高的作物，并建立各级财政共同投入机制；二是建立政府支持的农业巨灾风险补偿基金，加大农业保险保费补贴标准，提高农业保险保额；三是试点种粮目标收益保险，现阶段应加快试点粮食产量指数保险、粮食价格指数保险，中长期应加快研究种粮目标收益保险，即以种粮收入为保险标的物，通过指数保险的方式保障农民种粮收益，促进粮食生产。此外，针对农产品市场风险，还可以探索实行农产品目标价格补贴制度，若市场价格达不到目标价格水平，根据农户生产的产量和市场价格和目标价格的差额对农户给予直接补贴，以消除农产品加工剧烈波动对农户和家庭农场收入的影响，熨平农产品市场风险。

（五）加强农业社会化服务

健全的农业社会化服务能将家庭农场主在一些农业生产环节解放出来，使其专注于自己更擅长的领域，促进农业生产经营中的分工不断深化，这可以在一定程度上解决家庭农场经营中的专业化损失问题。加强农业社会化服务，体系建设是关键，要加快构建以公共服务机构为依托、合作经济组织为基础、龙头企业为骨干、其他社会力量为补充，公益性服务和经营性服务相结合、专项服务和综合服务相协调的新型农业社会化服务体系。要厘清公共服务机构和经营性服务组织的职能划分，转变公共服务机构职能，逐步从经营性领域退出，更多专注于公益性服务领域；发展经营性服务组织要培育多元主体，拓展服务范围，重点加强农产品加工、销售、储藏、包装、信息、金融等服务。规范农业生产性服务市场，引导建立行业协会等自律组织，促进家庭农场与各类组织深度融合，发展"公共服务机构＋农资农技服务公司＋家庭农场"、"农民专业合作组织＋社会化服务组织＋家庭农场"、"龙头企业＋家庭农场"、"农资经营公司＋家庭农场"等服务模式，开展形式多样、内容丰富的社会化服务。

第四章

农民合作社的发展现状、
　特征趋势与对策建议

农民合作社是指农民在家庭承包经营的基础上按照自愿联合、民主管理的原则组织起来的一种互助性生产经营组织。农民合作社通过农户间的合作与联合，不仅解决了传统农户家庭经营存在的规模不经济缺陷，而且通过技术、资金等合作，推动了农户生产的集约化水平。因此，农民合作社与现代农业发展的关系密切，从一定程度上说，农民合作社是否能健康持续发展，直接影响到现代农业生产方式、经营方式的改进以及农业增效与农民增收。然而，目前合作社发展中还存在一系列的问题。从合作社发展本身的情况来看，数量多但质量普遍不高，实力弱小，运作不太规范，机构不健全，合作社人才十分紧缺；从合作社发展外部环境来看，虽然有了很大改善，但是具体扶持的力度还需要加强，如合作社的融资难、免税难、用地难、用电贵等一系列问题都有待解决。这样的合作社发展格局要求我们必须从宏观和微观两个层面去把握合作社发展全貌，密切关注农民合作社发展的新情况、新趋势、新问题。

党的十八届三中全会提出加快构建新型农业经营体系的重要战略部署。农民合作社是新型农业经营体系的重要组织部分。要紧紧围绕"三农"工作中心任务，以加快转变农业发展方式、构建新型农业经营体系为主线，以促进农业稳定发展和农民持续增收为目标，按照"积极发展、逐步规范、强化扶持、提升素质"的要求，坚持发展与规范并举、数量与质量并重，健全规章制度，加强民主管理，完善扶持政策，强化指导服务，鼓励农民兴办专业合作和股份合作等多元化、多类型合作社，不断提升农民合作社规范化管理水平和自我发展能力，使之成为引领农民参与国内外市场竞争的现代农业经济组织。

一、农民合作社的产生背景、发展历程与现状

（一）合作社的概念及其内涵

自从 1844 年 12 月 24 日"罗虚戴尔公平先锋社"诞生以来，合作

社作为一种理念、一种思潮，更作为一种运动已经席卷全球。1995 年，国际合作社联盟在英国曼彻斯特召开第 31 届大会，在庆祝联盟成立 100 周年大会上通过了《关于合作社特征的宣言》。其中，重新确定了合作社的基本价值和定义，即合作社是由自愿联合的人们，通过其联合拥有和民主控制的企业，满足他们共同的经济、社会和文化需要及理想的自治的联合体。

中国的农民合作社是在改革开放以后发展起来的，早期叫农民专业合作组织、新型农业合作组织等，2007 年《中华人民共和国农民专业合作社法》（以下简称《农民专业合作社法》）实施后，正式定名为农民专业合作社。该法第二条的定义为："农民专业合作社是在农村家庭承包经营基础上，同类农产品的生产经营者或者同类农业生产经营服务的提供者、利用者，自愿联合、民主管理的互助性经济组织。"

专栏 4 - 1

旧中国的合作社思想

中国最早的具有现代意义的合作社，学界一般认为出现在清末。京师大学堂（北京大学的前身）仿效日美模式开设合作社课程，并在部分地区开展社会实践，进行合作社实验。最早著书立说、向国内介绍西方合作思想的是覃寿公。他早年留学日本，接受日本产业组合思想，1916 年出版《救危三策》和《德意志日本产业组合法令汇编》两书，前者集中论述合作社，认为合作制是解决中国产业问题的基本方法，是救国之道；后者则集中介绍德日两国的合作社理论与实践。

与覃寿公同时介绍合作思想的有薛仙舟、徐苍水、戴季陶等人，其中薛仙舟的思想颇具影响。1919 年创办上海国民合作储蓄银行；

1920 年，他带领学生创办《平民周刊》，宣传合作思想；1927 年发表了《全国合作化方案》，认为合作共和为实现民生主义的必要方法，建议以政府之力，依靠经过严格训练之人才，在全国范围内推行合作运动。

资料来源：白晓明：《制度变迁背景下我国合作社法律制度构建研究》，北京，中国人民大学博士学位论文，2011。

2007 年实施的《农民专业合作社法》所规范的合作社是基于相同类型生产或服务的专业性经济实体，尽管对农村合作社事业的发展起到了十分重要的推动作用，但从近年来的实践看，专业性合作已经不能包容广大农民多样化的合作需求了，为此，2013 年中央一号文件首次提出"农民合作社"的概念，指出："鼓励农民兴办专业合作和股份合作等多元化、多类型合作社。"也就是说，农民合作社的概念更宽泛了，除了包括专业合作外，还包括股份合作等多元化、多类型合作社。从概念的原本意义上讲，农民合作社应该包括农民在农村兴办的所有类型的合作社。在政策上，2013 年 11 月召开的中共十八届三中全会通过了《中共中央关于全面深化改革若干重大问题的决定》，更是在 2013 年中央一号文件的基础上进一步放宽了农民合作的范围。根据决定精神，农民合作社除了专业合作外，还包括股份合作、信用合作、土地合作三大领域。

（二）改革以来我国农民合作社的产生背景与发展过程

1978 年农村改革实行了多种形式的联产承包责任制。1984 年底，中央一号文件废除人民公社体制，以家庭承包经营为基础、统分结合的双层经营体制在全国得以全面确立，按照政社分开的原则，我国在乡村设置了社区集体性经济组织，承担原人民公社的经济职能。文件同时明确提出，农民群众可以不受地区限制，自愿参加或组成不同形式不同规模的各种专业合作经济组织。

随着农村市场经济的发展和农产品购销体制的改革，市场机制逐步引入农业和农村经济，一批专业户、专业村随之涌现出来。广大农民群众更多地面向市场，根据市场需求安排生产经营，农民出现四个方面的迫切需求：一是发展专业生产，提高规模效益；二是引进新品种，应用新技术，提高农产品产量和质量；三是提高农产品产前、产中、产后的多方位服务；四是根据市场需求，调整生产经营结构，抵御市场风险，较快地增加收入。面对这种新形势和新要求，以农村专业户为骨干力量，由农民自己兴办的新型专业合作组织便应运而生，解决了一家一户干不了、干不好、干起来不划算的事情，成为连接农户与市场、农户与企业、农户与政府的桥梁和纽带。

自20世纪80年代以来，我国农民合作社的发展大体经历了四个阶段。第一阶段为20世纪80年代的自发形成阶段，随着家庭承包经营体制的确立和农村专业户的涌现，一批具有合作制萌芽性质的专业合作组织应运而生并蓬勃发展。第二阶段为20世纪90年代中后期的政府推动阶段，为了解决农产品结构性过剩问题，政府开始引导农民自愿建立专业合作社和专业协会。第三阶段为2007年开始的法律规范阶段，《农民专业合作社法》的实施把农民合作社发展纳入到法制化的轨道。第四阶段为2013年和2014年对合作内容的扩展阶段，"农民合作社"这一概念首次被提出，拓宽了以前提出的农民专业合作社的范围。

党和政府高度重视农民合作社的发展。2004年以来，中央连续发出11个一号文件，对扶持合作社发展提出了一系列明确要求。党的十七届三中全会决定明确指出，要"按照服务农民、进退自由、权利平等、管理民主的要求，扶持农民专业合作社加快发展，使之成为引领农民参与国内外市场竞争的现代农业经营组织"。中央领导多次考察合作社发展并作出重要指示。2013年3月8日，习近平总书记参加十二届全国人大一次会议江苏代表团审议时说，农村合作社就是新时期推动现代农业发展、适应市场经济和规模经济的一种组织形式。今后要着力解决农业比较效益低的问题，真正使务农不完全依靠国家补贴也能致富。2013 年 3 月底，李克强总理在江苏调研时强调，通过股份合作、家庭农场、专业合作等多种形式发展现代农业是大方向。要因地制宜，尊重农民意愿，保护农民权益。适度规模经营可以提高土地、劳动力效率，更好更多地提供农产品，对新型城镇化会形成有力支撑。

表 4－1　新世纪 11 个中央一号文件关于农民合作社的政策梳理

年份	文 件 内 容
2004	中央和地方要安排专门资金，支持农民专业合作组织开展信息、技术、培训、质量标准与认证、市场营销等服务。
2005	支持农民专业合作组织发展，对专业合作组织及其所办加工、流通实体适当减免有关税费。
2006	积极引导和支持农民发展各类专业合作经济组织，加快立法进程，加大扶持力度，建立有利于农民合作经济组织发展的信贷、财税和登记等制度。
2007	大力发展农民专业合作组织，认真贯彻《农民专业合作社法》，各地加快制定推动农民合作社发展的实施细则。
2008	尽快制定农民专业合作社税收优惠办法，各级财政继续加大对农民专业合作社的扶持。
2009	加快发展农民专业合作社，开展示范社建设行动。加强合作社人员培训，各级财政给予经费支持。
2010	着力提高农业生产经营组织化程度，推动家庭经营向采用先进科技和生产手段的方向转变，推动统一经营向发展农户联合与合作，形成多元化、多层次、多形式经营服务体系的方向转变。
2011	大力发展农民用水合作组织。
2012	充分发挥农民专业合作社组织农民进入市场、应用先进技术、发展现代农业的积极作用，加大支持力度，加强辅导服务，推进示范社建设行动，促进农民专业合作社规范运行。

续表

年份	文 件 内 容
2013	农民合作社是带动农户进入市场的基本主体，是发展农村集体经济的新型实体，是创新农村社会管理的有效载体。 引导农民合作社以产品和产业为纽带开展合作与联合，积极探索合作社联社登记管理办法。 建立合作社带头人人才库和培训基地，广泛开展合作社带头人、经营管理人员和辅导员培训。
2014	鼓励发展专业合作、股份合作等多种形式的农民合作社，引导规范运行，着力加强能力建设。 允许财政项目资金直接投向符合条件的合作社，允许财政补助形成的资产转交合作社持有和管护，有关部门要建立规范透明的管理制度。 推进财政支持农民合作社创新试点，引导发展农民专业合作社联合社。

资料来源：相关文件。

（三）新世纪以来我国农民合作社发展的状况和特点

进入新世纪以来，农民专业合作社进入了加快发展、规范发展、健康发展的新时期。按照中央要求，各级各地采取有效措施，完善扶持政策，强化指导服务，有力地促进了农民专业合作社发展。

1. 促进合作社发展的主要措施

一是建立健全法律法规。《农民专业合作社法》明确了办社宗旨和原则，赋予了农民专业合作社独立的法人资格和市场主体地位，规范了农民专业合作社的组织行为、产权关系、盈余分配等基本制度；有16个省（自治区、直辖市）制定了地方性法规，农民合作社走上了依法发展的轨道。

二是制定完善规章制度。农业部、财政部、工商总局等有关部门制定了示范章程、财务会计制度、登记办法等规章制度。一些地方也出台了合作社示范章程和管理办法。

三是不断强化扶持政策。财政部、商务部、国家税务总局、银监会等部门充分发挥职能作用，在项目支持、市场营销、税收优惠、金融扶持等方面制定了支持政策。30 个省（自治区、直辖市）出台了支持和促进合作社发展的具体措施。

四是开展示范社建设行动。农业部与国家发改委、银监会等多部门深入推进示范社建设，制定创建标准，评定了 6 600 多家示范社，表彰了 600 家优秀示范社。各地因地制宜开展"四有"、"五好"等示范社创建活动，认定了一大批示范社，起到了示范引领作用，带动了合作社规范化建设。

五是加强人才培养。把合作社人才培养纳入《国家中长期人才发展规划纲要（2010—2020 年)》和《农村实用人才和农业科技人才队伍建设中长期规划（2010—2020 年)》，命名了 196 家合作社人才培养实训基地，组织开展专题培训，依托阳光工程、新型农民培养等培训项目，多渠道开展农民合作社带头人、经营管理人员和辅导员培训。据不完全统计，2008—2012 年全国培训了 150 多万人次。

六是举办产销对接活动。农业部、商务部和教育部组织农民专业合作社参加"农社对接"、"农校对接"、"农超对接"、"农企对接"等多种类型的产销对接活动，各地也组织了形式多样的合作社产品推介活动。据不完全统计，2008 年以来，全国参加"农超对接"的农民合作社超过 2.8 万家，意向性签约 213 亿元，直接受益农民 160 多万人。

2. 农民合作社发展现状与特点

（1）农民合作社数量快速增长

截至 2013 年 12 月底，全国登记注册的专业合作、股份合作等农民合作社达 98.24 万家，同比增长 42.6%；出资总额 1.89 万亿元，增长 71.85%；实际入社农户 7 412 万户，约占农户总数的 28.5%，增长 39.8%。农机合作社达到 4.1 万个，入社成员 152 万户，经营土地面积 1.2 亿亩，服务农户 4 500 多万户，完成作业服务总面积 7.5 亿亩，约占全国农机化作业总面积的 13%。农民用水合作组织达到 8.05 万个，

林业专业合作社达到 4.16 万家，供销合作社系统领办的合作社达 9.3
万家①。

表 4 – 2　　　　　　2008—2013 年农民专业合作社发展概况

单位：万个、万亿元

年份	数量	出资总额
2008	11.09	0.09
2009	24.64	0.25
2010	37.91	0.45
2011	52.17	0.72
2012	68.90	1.10
2013	98.24	1.89

资料来源：国家工商总局。

（2）农民合作社产业分布广泛

涉及种养、加工和服务业，其中种植业约占 45.9%，养殖业达
27.7%，涵盖粮棉油、肉蛋奶、果蔬茶等主要产品生产，并逐步扩展到
农机、植保、民间工艺、旅游休闲农业等多领域。据各地上报统计，截
至 2012 年底，5.59 万个粮食生产合作社经营耕地 4 812 千公顷，粮食
产量 485.5 亿千克，以全国 4% 的耕地生产了全国 8.2% 的粮食，成为
发展粮食生产的生力军②。

（3）农民合作社领办主体多元

当前的农民合作社主要有以下几种类型：一是农村能人带头组织的
合作社，即由一个或几个农村能人牵头，在某一产业经营中带领农民组
织专业合作社。二是由广义的政府机构出面组织的由农民参加的合作
社，包括乡镇（有时是县）政府牵头组织的、县乡技术推广部门牵头
组织的、供销社牵头组织的、科协系统牵头组织的等。三是由龙头企业
牵头组织的合作社。由于不同类型合作社的目标并不完全相同，其运作
方式也有一定的差异。

---

① 农业部：《关于 2013 年农民合作社工作总结》。
② 农业部：《中国农业发展报告（2013）》，北京，中国农业出版社，2013。

（4）农民合作社能力逐步提升

越来越多的合作社从简单的技术、信息服务向农资供应、统防统治服务延伸，由产前产中服务向产后的包装、储藏、加工、流通服务拓展，有的还开始兴办内部信用合作业务。有近50%的合作社能为成员提供产加销一体化服务，约5万家农民合作社注册了商标，3万多家通过了无公害、绿色、有机等产品质量认证，各类示范社已突破10万多家。2012年，专业合作社为成员提供购销服务产品总值达7 228亿元，当年可分配盈余625亿元，社均9.07万元。

（5）农民合作社形式多种多样

2013年中央一号文件强调，要大力支持发展多种形式的新型农民合作组织，鼓励农民兴办专业合作和股份合作等多元化、多类型合作社。当前，农民合作社既包括从事农业生产、销售、服务等业务的专业合作社，也包括土地股份、社区股份等类型的股份合作社。例如，江苏省苏州市坚持以"合作化"为方向，大力发展土地股份合作、农民专业合作、劳务合作、农机服务合作等新型农业经营主体，全市超过60%的土地已经实行合作化经营。此外，苏州市全面开展以土地承包经营权入股形式为主的土地股份合作经营，大力推进规模化生产、集约化经营、股份化分配模式。其中，昆山市所有村庄全面推进土地股份合作。截至2014年上半年，全市累计已成立土地股份合作社737家，入股面积136.58万亩，占农民承包土地面积的61.92%，占全市土地流转总面积的68.5%。

专栏4-2

四川郫县唐昌镇战旗村土地股份合作社

唐昌镇战旗村位于郫县、都江堰市、彭州市三市县交界处，距离成都市30公里。截至2011年全村农业人口1 704人，拥有耕地

2 158.5 亩，人均耕地 1.27 亩。农业人口中适龄劳动者有 980 人，80% 以上在本地就业。战旗村与村集体独资企业——成都市集凤实业总公司"村企合一"。2007 年，战旗村通过土地整理新增四百多亩土地，并获得成都市小城投公司融资 9 800 万元。村民向社区集中、产业向园区集中、土地向规模经营集中，为土地股份合作社的发展提供了难得的契机。

遵循"依法、有偿、自愿"原则，战旗村集体和农户分别以 50 万元现金和 1 760 亩土地为股本，共同组建战旗村土地股份合作社。合作社的收入由土地租金和合作社自行经营收入组成。合作社通过三种方式经营流转后的土地：一是自行经营，主要进行现代农业产业园建设；二是租赁给种植大户；三是租赁给龙头企业。战旗村土地股份合作社的发挥了四个方面的功能作用：一是整合土地资源，提高土地利用效率；二是多渠道融合资金，助力村社发展；三是推动农民就地市民化，提高农民生活水平；四是搭建发展成果共享平台，发挥合作社公益作用。

二、农民合作社的基本特征、规范化建设与发展成效

（一）农民合作社的基本特征

1. 成员以农民为主体

为了保证农民真正成为合作社的主人，能够有效地表达自己的意愿，《农业专业合作社法》在第十四条进行了鼓励性的限制，即"具有民事行为能力的公民，以及从事与农民专业合作社业务直接有关的生产经营活动的企业、事业单位或者社会团体，能够利用农民专业合作社提供的服务，承认并遵守农民专业合作社章程，履行章程规定的入社手续的，可以成为农民专业合作社的成员。但是，具有管理公共事务职能的单位不得加入农民专业合作社。"实际上主要强调了：具有管理公共事

务职能的单位，如农业技术推广机构等，其职能就是为农民服务，因此"不得加入农民专业合作社"。这就对当前的一些做法进行了限制。《农民专业合作社法》还在第十五条规定了农民成员和企业、事业单位和社会团体成员的比例，即"农民专业合作社的成员中，农民至少应当占成员总数的百分之八十。成员总数二十人以下的，可以有一个企业、事业单位或者社会团体成员；成员总数超过二十人的，企业、事业单位和社会团体成员不得超过成员总数的百分之五"。这就从制度上降低了企业、事业单位和社会团体控制农民专业合作社的可能性。

2. 决策实行"一人一票"

自合作社诞生以来，民主决策就是其代表性制度。《农民专业合作社法》第十七条第一款规定："农民专业合作社成员大会选举和表决，实行一人一票制，成员各享有一票的基本表决权。"同时考虑到在我国农村资金是最缺乏的生产要素，在第二款对出资较大或在其他方面对合作社贡献较大的成员的权利给予了一定程度的保障，即"出资额或者与本社交易量（额）较大的成员按照章程规定，可以享有附加表决权。本社的附加表决权总票数，不得超过本社成员基本表决权总票数的百分之二十。享有附加表决权的成员及其享有的附加表决权数，应当在每次成员大会召开时告知出席会议的成员。"

3. 分配主要按惠顾额返还

合作社是一种特殊的组织，它通过对外经济活动中的盈利来实现对内部成员的服务，并且这种服务是按照成本提供的。因此，严格地讲，合作社是不存在利润的，如果在财政年度出现了盈余，那一定是多收了成员的费用或少付了成员应得收益的结果，应该在弥补交易成本后全额退给成员。但也应该看到，在日趋激烈的市场环境下，盈利不仅仅是合作社成员接受服务或提供产品的数量贡献，在很大程度上还是资金和合作社领导人智慧（人力资本）的贡献。为此，《农民专业合作社法》第三十七条规定合作社的可分配盈余首先"按成员与本社的交易量（额）

比例返还，返还总额不得低于可分配盈余的百分之六十"，剩余部分"以成员账户中记载的出资额和公积金份额，以及本社接受国家财政直接补助和他人捐赠形成的财产平均量化到成员的份额，按比例分配给本社成员"。

4. 横向联合扩大经营规模

农民合作社使分散的农户在保持独立的财产主体和经营主体的前提下，通过农产品的集体销售或农业投入品的集体购买等交易环节上的联合，降低单位农产品的销售成本或单位农用投入品及服务的购买成本，实现产前和产后的规模经济。同时，通过合作社将农民的资金、劳动力、土地、市场组织起来，这样农民就有能力延长产业链条，发展农产品加工和销售，再用自己的市场培育和带动自己的工厂，农产品各个环节的增值收入就会留在农村，返还农民。

（二）农民合作社的规范化建设

当前，农业部已将合作社的规范化建设和质量提升作为指导合作社健康发展的重要工作内容。从 2009 年开始，与国家发改委、财政部等11 部门联合印发了《关于开展农民专业合作社示范社建设行动的意见》，工作的重点是要着力加强规范化建设，以示范促规范，抓规范促发展。2010 年，农业部发布了《农民专业合作社示范社创建标准（试行）》，对农民专业合作社示范社的组织制度、管理制度、财务管理、利益分配、产品质量、市场准入等提出了更高的要求。2012 年 5 月，发布了《农业部办公厅关于进一步加强农民专业合作社财务管理工作的意见》，要求合作社按照《农民专业合作社法》的规定为每个成员分别建立成员账户，及时记录成员的权益变动和交易情况，按照财会制度和章程的规定制定盈余分配方案，规范盈余分配顺序，确保盈余分配合理。党的十八大以来，在农业部等有关部门的指导下，坚持数量与质量并重，边发展边规范，促进了合作社规范化发展，不断提高合作社整体质量和水平。

1. 完善法律法规促进规范

农业部与财政部、工商总局、银监会等部门下发了合作社示范章程、财务管理制度、登记管理等规章制度，明确了合作社在组织机构、运行机制、财务管理、会计核算等方面的基本规范。北京、新疆、四川等18个省、自治区、直辖市出台了合作社地方性法规，陕西、湖北等13个省制定了规范化建设指导意见，实施了农民合作社示范社创建行动，制定了示范社标准。目前，全国共认定了1万多家国家级示范社，表彰了600多家全国优秀示范社。各地也采取创建"四有五好"合作社、百强社，合作社建设示范县，培育了一批经营规模大、民主管理的合作社。目前，县级以上示范社超过10万家。江苏、浙江、青海等地还创建了规范化合作社名录、政府优先支持名录，对进入名录的合作社给予重点指导服务和扶持。

2. 加强指导服务帮助规范

国务院批准成立了农业部牵头的农民合作社发展部际联席会议，形成了部门间协调机制。2014年9月，联席会议成员单位印发了《关于引导和促进农民合作社规范发展的意见》，确定了规范化建设的主要措施。各地也通过建立领导小组、联席会议、组建辅导员队伍等方式，形成部门合力，通过开展规范化建设年、填报信息系统、组织抽查、专项检查等方式，对合作社组织运行、财务管理等情况进行监管与指导。

3. 开展宣传培训促进规范

采取有力措施，提高农民群众规范办社能力。农业部会同司法部、全国普法办联合下发合作社法宣传工作的意见，通过召开视频会、座谈会、纪念宣传日、举办知识竞赛等活动，宣传合作社知识。农业部命名了196家合作社人才培养实训基地，依托新型职业农民培养等项目，开展大规模开展合作社带头人、财会人员培训，提高他们经营管理能力。据各地上报统计，各级农业部门累计培训180万人次。一些地方还聘任大学生村官担任合作社理事长助理，为合作社规范发展输送人才。

专栏 4-3

云南省开远市通过"送人才"与"送政策"扶持合作社发展

云南省开远市通过开展"送人才"与"送政策",有力推动了合作社发展。目前,全市已有13个农畜产品通过"三品一标"认证,有18个合作社注册了商标,建成无公害生产基地17.58万亩,有国家级示范社2家、全国50佳合作社4家、省级示范社8家、市级示范社15家。

1."送人才"扶持农民专业合作社发展。采取自我推荐和单位选派相结合的方式,从全市机关、企事业单位改任非领导职务人员;涉农部门的科技、管理人员;熟悉经济工作的机关、企事业干部;在大学生村官及应往届大学毕业生中,每年选派一批管理人才和科技人作为农民专业合作社指导员,帮助各农民专业合作开展工作,要求除外出学习、调研外,每月驻社工作不得少于20天。

2.建立农民专业合作社"七送"政策。在全州率先成立农村合作经济组织领导小组和办公室,组建农村合作经济组织联合会。在坚持民办、民管、民受益的原则下,市委市政府不搞强迫和命令,只是提供服务,制定了一系列普惠性政策,2011年以来财政投入合作社扶持资金超过2 000万元。制定出台了送人才、送土地、送项目、送资金、送服务、送房子、送荣誉"七送"政策,比如每个专业合作社给予1万元"开办费",市级示范社给予5万元奖励,财政出资培训农产品经纪人和社员,每年组织合作社理事长外出考察,给予合作社各类相关贷款3‰的贴息,选派大学生到示范社工作,合作社加工、市场建设农地转用成本费财政承担,合作社大棚、保鲜库建设3 000元/亩、30万~50万元/座的一次性补贴,农业基础设施建设向合作社倾斜,以及实施土地流转补贴、加工税费减免、登记绿色通道、举办各种培训、评优奖励等,为合作社发展建立了"一条龙"的扶持政策。

（三）农民合作社的发展成效

当前，我国农民专业合作社正由注重生产联合向产加销一体化经营方向转变，由单一要素合作向劳动、技术、资金、土地等多要素合作方向转变，在推进农业现代化、促进农民增收、建设社会主义新农村中发挥着越来越大的作用。

1. 提高了农业组织化程度

合作社通过农户的联合，组织带领农民"抱团"参与市场竞争，极大地提高了农业生产和农民进入市场的组织化程度。许多合作社加强横向联合与合作，把单个合作社"小舢板"变成"大舰队"，增强了市场竞争能力。2012 年底，全国各类联合社已达 5 600 多个。江苏引导和支持专业合作社建立销售联社，统一产品销售。目前该省已有 70 多家销售联社，在城市社区开设了 180 多家直营店，带动 1 300 多家合作社进城直销农产品，2012 年实现销售收入 8.3 亿元。合作社集成利用土地、资金、技术等要素，推动了优势特色产业规模扩大和配套产业的形成，有力地促进了农业适度规模经营发展。截至 2012 年底，合作社转入的土地面积达 4 488 万亩，占到全国耕地流转总面积的 16.4%。黑龙江省克山县仁发现代农业农机专业合作社通过土地流转，经营面积已达 2.25 万亩。合作社通过统购统销服务，提高农民在市场竞争中的地位。2011 年底，实现统购统销服务 80% 以上的专业合作社达到了 55%。

2. 推动了农业产业结构升级

合作社的发展，推进了农业生产经营标准化、专业化、集约化和品牌化，推动了农业产业结构调整和优化升级。合作社已成为实施标准化生产的重要主体。合作社发挥自我管理、相互监督的独特功能和内生机制，根据市场需求，组织农户按照相关标准和技术规程开展农业生产，加快了农业标准化进程，保障了农产品质量安全。合作社已成为农业新品种新技术推广应用的重要载体。合作社积极引进和应用优良品种，广泛采用先进的种养技术，加大试验示范和推广力度，解决了科技推广到户的"最后一公里"、"最后一道坎"难题。目前，全国 95% 以上的合作社都能为农户提供多种形式的技术推广服务。合作社已成为农业品牌战略的实施主体。不少合作社注重品牌培育，积极开展商标注册和产品认证，申报地理标志。

3. 增加了农民成员的收入

合作社已经成为农民增收致富的重要渠道。在农产品生产层面，合作社统一采购农业投入品和销售农产品，节约了农业投入成本、提高了农产品销售价格。2011 年，合作社统一购买农业投入品总值达 2 028 亿元，统一销售成员农产品总值 9 520 亿元，分别比 2010 年增长 49.4% 和 66.7%。在农产品加工层面，合作社自办或参股农产品加工流通企业，增加了产品加工流通环节的增值收益，合作社成员通过交易量和入社股份获得盈余。2011 年，合作社创办的加工企业实现销售收入达 424 亿元，成员从合作社获得的盈余返还达 168 亿元。据统计，入社农户的收入普遍比其他农户高出 20% 以上，有的甚至高出 50% 以上。

4. 创新了农村社会管理机制

在家庭经营的基础上把分散的农户组织起来，通过促进经济发展营造了积极向上的良好社会风尚，通过组织运作打牢了民主管理的现实基础，通过传播合作思想弘扬了诚信友爱的和谐文化，为创新农村社会管理形式找到了新平台。河北省肃宁县在全县农村推行基层党组织、基层民主组织、经济合作组织、农村维稳组织全覆盖工作模式，健全了农村基层组织群众、宣传群众、服务群众的组织体系，把广大农民群众组织起来，在经济上保障了农民的物质利益，在政治上维护农民的民主权利，促进了农村经济发展和社会的和谐稳定。

三、农民合作社发展面临的挑战与发展趋势

（一）农民合作社面临的问题和挑战

虽然我国农民专业合作社有了很大的发展，但与发达国家相比，与

我国农业农村经济发展新形势和新要求相比，与广大农民的期盼相比还有一些差距。农民专业合作社的发展仍处于初期阶段，还存在一些突出困难和问题。主要表现在：

1. 规模总体偏小，对接市场能力有限

虽然在政策扶持下，近几年合作社在规模和质量上都有了很大提升，但从总体上看，农民合作社的注册资本、经营规模、带动社员数量等仍然规模偏小，能直接从事加工、销售的还是少数，竞争实力总体上还比较弱，多数合作社对政府依赖度较高。在市场对接方面，部分合作社难以加入"农超对接"行动中。大部分合作社仍然以解决初级农产品销售为主要目的，没有实现生产、加工、销售一体化经营，没有形成自身的产业链，产业化程度低。

2. 合作社内部制度不健全、运行不规范

有些专业合作社发展有待规范。一些地方不同程度地存在重数量轻质量的问题。有些专业合作社产权不够明晰，管理不够民主，还存在着"一言堂"的现象，部分合作社被领办的大农户操控，小农户的利益无法得到保证。大多数农民合作社在初期多是由当地能人和村干部发起的，合作社虽然设立了成员代表大会、理事会、监事会，但合作社的实际治理权集中于少数人手中，一般成员很少参与管理。资本集中化现象也比较突出，核心成员出资额占绝大比例，也日益导致管理权力的集中化。部分合作社并不要求所有成员都出资，这种低门槛虽然吸引了众多农户成为成员，但也使得这些普通成员对合作社的经营漠不关心、缺乏参与民主管理的动力。有的专业合作社尚未设立成员账户，财务管理也不太规范。

3. 融资难制约合作社发展

目前，合作社普遍存在资金匮乏问题，融资难是制约合作社发展的一大瓶颈。随着农业结构调整的深入和农业产业化经营的不断发展，农民合作社的生产规模日益扩大，对资金的需求量大幅度增加，贷款难等问题越来越突出。由于农业生产本身具有较大的系统风险，加上农民合作社成立条件较为宽松，银行、信用社等信贷机构对合作社这类市场主体的认可度较低，农村金融机构和银行对合作社的贷款往往趋于保守，甚至存在"惜贷"、"畏贷"的现象。因此，很多情况下都是合作社理事长以个人名义贷款来解决合作社的资金需求。现在，资金短缺已经成为农民合作社发展壮大的瓶颈，严重影响了合作社的发展规模和深度。据一些地方反映和典型调查，目前70%左右的农民专业合作社融资需求得不到满足。据黑龙江省农委的调查，2011年全省合作社需要贷款195亿元左右，但实际仅贷到48亿元，与需求相差近150亿元。合作社融资面临的困难与问题主要有两个方面：从合作社自身看，大部分实力比较弱、积累比较少，而合作社的种养产品、农机具等资产一般又不能作为抵押物，在现行的金融体系中缺少抵押和有效担保，贷款比较困难；从合作社外部环境看，合作社一般处在农村，信用体系建设相对滞后，农村金融服务整体水平不高，也在客观上给合作社的融资造成了一定的困难。

4. 扶持政策有待完善

目前，虽然各地出台了许多支持专业合作社发展的政策措施，但与法律的规定和农民群众的愿望相比还很不够。各地普遍反映，农民专业合作社贷款融资难、加工用地难、人才引进难是当前制约发展的突出难题。农民合作社的相关税收优惠政策在某些地区落实不到位，虽然财政部、国家税务总局针对农民专业合作社的有关税收政策发布了专门的政策法规，明确规定合作社销售自产农产品免征增值税，并可按照13%税率抵扣购入的农产品增值税额，但是"上有免税政策，下有收税对策"是合作社普遍反映的现象，在经济不发达地区合作社的税负要更重一些。而且，目前的税收软件系统中没有农民合作社法人序列，合作社在办理税务登记和组织机构代码上存在困难，这一税务设计上的缺陷使得合作社在与超市、企业等其他市场经营主体交易时不得不使用企业税票，交税也因此成为必然。

（二）农民合作社的发展趋势

从当前国内农民合作社的发展走向来看，至少具有以下四个特征。

1. 从横向合作向纵向合作深化

从国内农民专业合作社的发展历程来看，一般是先有横向合作，然后逐步向纵向合作深化。所谓横向合作，就是相同生产类型或从事相同农业生产环节的农民之间的联合，以增强其市场谈判力，而且这也起到了分散农户之间的互助和生产设施规模利用的作用。这是农民创办合作社的最基本动因之一。

然而，随着市场经济的发展，农业产业链不断延伸，农户若只从事农业生产环节将得不到产业链中其他环节的利润。于是出现了以产业上下游主体间的合作为表现形式的纵向合作，这样一方面可以降低纵向交易成本，另一方面可以获取产后增值收益和控制市场。实践中，纵向合作发展出了两种主要形式，一种形式是与现有的生产资料供应商和营销商进行合作，形成类似"龙头企业＋合作社＋农户"的模式；另一种形式是由农民合作社自己创办该产业的上下游实体，直接与消费者进行联结，有效减少中间环节的费用，并把这部分由减少费用转变来的利润合理地分摊到生产者和消费者两个环节，使生产者和消费者双方都受益。比如养殖合作社自己创办饲料加工企业和肉制品、奶制品加工企业等；经济实力较强的农民合作社在城市社区建立直销店直接销售农副产品等。后者是国际上大部分合作社通行的做法，在我国的实践中也表现出了较好的盈利性，具有旺盛的生命力，是今后合作社发展的重要方向。

2. 从单一功能向多种功能拓展

从最初的农业技术协会到当前的农民专业合作社其实就体现了农民合作社组织功能拓展的趋势，原来只是提供农业技术服务，现在的合作社一般把农业生产的产前、产中、产后环节都包了。具体地说，农户可以专心于农业生产，而将其他农业经营活动，例如农资采购、新技术选择、信息获取、产品分级、包装加工、运输营销以及品牌化经营等活动分离出去，由农民专业合作社来统一经营与服务。如此，则可以实现农业生产与农业经营的合理分工，有利于现代农业的发展。

此外，随着农业产业化和农村市场化进程的加速，农户资金需求也日益增加，当前的农村金融体系还无法满足农户的资金借贷需求，专业合作基础上的资金互助也在许多地方悄然兴起，农民专业合作社的金融服务功能与日俱增。而且，由于专业合作社功能的拓展，开始越来越多地承担农业社会化服务的功能，与村集体经济和村集体土地流转的关系也越来越密切，对农村发展的影响开始逐渐加强。除了经济功能以外，农民专业合作社的文化功能、政治功能也在逐步显现。这些现象都预示着农民专业合作社从单一功能向多种功能拓展的趋势，出现了专业规模经济与多元范围经济双轮驱动的合作社发展模式。

3. 从传统合作向新型合作演变

与国外农业合作社发展趋势一样，在目前国内的农民专业合作社中，类似于"新一代合作社"的农民专业合作经济组织也不少，其主要特征是在合作社中引入了股权因素，体现"比例原则"。但是，与欧美的"新一代合作社"相比，国内的"新一代合作社"也有其不同之处，欧美的是以农民合作为主、股份合作为辅，而国内目前的状况是大户或农业龙头企业牵头，合作成分较少。

在发达地区，一些农民合作社的发展还具有"新一代合作社"倾向。与传统合作社以销售初级农产品为主有所不同，新一代合作社以创造农产品附加值为主要战略。新一代合作社多由大户或龙头企业牵头，在合作中引入股权因素，体现"比例原则"，在社员资格、社员退出权、农产品交易、利润分配等方面与传统合作社均有很大不同。第一，新一代合作社的社员资格倾向于不开放。传统的合作社原则中社员资格开放且社员向合作社出售农产品的数量不受限制，这样很容易导致合作社需要接收额外的成员和产品，从而加工能力和产品供给过剩，经营效益下降。为解决这一问题，新一代合作社根据合作的经营规模确定资产总股本和接受社员的数量，并按社员投股数量确定其产品限额，因而能够保证合作社在高效益下运行。第二，新一代合作社的社员股份也可交易。在传统合作社中，由于社员退社自由，因此股本不稳定。而在新一代合作社中，由于股份是可交易的，因此整个股本具有稳定性，这样银行就能提供条件优惠的贷款。为了避免合作社被一个社员独占，有些新一代合作社对每个社员可以拥有股金的数量也进行了限制。第三，新一代合作社与社员之间商业化交易态势越来越明显，交货条件越来越严格，同时，合作社与非成员、非成员企业的交易增多。第四，利润作为惠顾额返利分配给社员。新一代合作社最基本的经济观念趋向"比例原则"，合作社的权责集中在交易额上。合作社投票权以社员交易额多寡为基础，交易者以交易额多寡认购股本，盈余额在成本经营基础上分配给交易者。有时合作社也向社区出售优先股，但没有投票权。第五，新一代合作社管理日趋专业。新一代合作社多实行专家管理，由传统的成员控制走向专业的管理控制，越来越重视纵向一体化，并衍生出了一些新型的合作企业结构。

对于这样的合作社还算不算是合作社的问题，国内学界也有争论。从农业产业发展和推进现代农业建设的角度来看，我们认为这种类型合作社的存在有其必然性，它是分散农户应对市场竞争的一种策略，而且是农户自愿选择的结果，对农户增收、农业增效也起到了一定作用，有其存在的价值。但是，对这一类合作社的运作也要进行引导与规范，真正落实"民管、民办、民受益"的办社原则。

4. 从百花齐放向产业分化过渡

《农民专业合作社法》颁布后，农民专业合作社在国内如雨后春笋般地发展起来，到2010年底，全国合作社数量已超过35万家，较2009年底增长超过40%，大体平均每月新增1万家。产业涉及种植、养殖、农机、林业、植保、技术信息、手工编织、农家乐等农村各个产业，业务活动内容涉及农资供应、农技推广、土肥植保、加工、储藏和销售等各个环节。合作社的发展呈现出百花齐放之势。

但是，通过观察我们不难发现，和国外的农业合作社一样，国内合作社发展也有着明显的产业特征，合作社发展的质量开始出现分化。一些以优势产业和特色产品为办社依托，紧紧围绕特色优势农产品区域布局规划和当地主导产业、特色产品而培育发展出来的农民专业合作社，更能带动当地的农民调整农业结构，以优势产业和特色产品来增强合作社参与市场竞争和盈利的能力。总的来说，像果蔬、林业、奶业、烟叶、水产等相关产业的合作社成长比较快速，逐步发展成促进相关农业产业发展的重要力量，而一些大宗农产品合作社的发展比较缓慢。

（三）关于《农民专业合作社法》的讨论

《农民专业合作社法》颁布 6 年多来，在促进合作社快速发展、提升农民组织化程度、缓解农产品难卖问题，在提升农产品的市场竞争力，完善农业产业化经营模式和经营水平等方面，发挥了不可替代的作用。但是，经过 5 年多的运行，《农民专业合作社法》也暴露出一些问题和缺陷，无法适应农民专业合作社的新形势和创新实践。具体来看，主要有以下几个方面。

1. 关于立法目的

在实践中，在如何规范农民专业合作社的组织和行为，使之真正成为一种以农民为主体的新型市场主体，并保护成员的基本权益等方面，法律的约束作用不强。合作社与农村中大量存在的私营、个体企业边界模糊，工商部门登记类型混乱，使得合作社制度属性定位不清晰的问题凸显。建议修改法律，立法目的突出培育合作社的农户市场竞争力的目标导向，强调合作社作为维护广大面向市场经营的农户生产经营者的经济权益，强调合作社作为农户自助、互助、为农服务的组织属性。

2. 关于法律名称

从目前的发展现状看，农民专业合作社类型十分丰富，早已突破法律的界定范围，出现了劳务、农村沼气、乡村旅游、传统手工艺品等覆盖农村第二产业和三产业的经营类和服务类合作社，而这些合作社在注册登记中遇到了法律障碍。建议在坚持已有法律名称的前提下，扩大法律的调整范围，不仅包括第一产业的经营，而且还包括第二产业和第三产业。

3. 关于设立门槛

为了降低农民参与合作社的成本，法律对合作社的设立和注册登记条件采取了低门槛制度。然而，在实际操作中，极易发生合作社实力较弱、注册资金虚报多报严重、成员情况掌握不清等问题。建议继续实施低门槛市场准入的同时，加强对合作社市场行为的信用监管机制建设，简化成员登记程序，实行工商注册部门备案制。

4. 关于制度安排

目前，现行法律中有关成员制度安排的三个方面在操作中遇到了困难：一是法律限定农民至少应当占成员总数的80%，二是从事与农民专业合作社业务直接相关的单位成员数量限定在5%以内，三是具有公共事务职能的单位不得加入农民专业合作社。在这方面，建议对拥有土地经营权的初级农产品个体生产经营者，一律视同农户对待，对初级产品生产者主体加入本地区同类合作社要有限制，禁止加入两个及以上存在相互竞争的、经营业务完全相同的合作社。

四、结论和建议

（一）完善制度，进一步明确农民合作社法人主体地位

需要尽快开展修订《农民专业合作社法》调研，深入研究农民合作社管理部门、组织制度创新、建立退出机制等问题，促进法律适时修

订，进一步理顺合作社管理体制、增强宏观管理和调控能力，为合作社规范化建设提供保障。进一步组织宣传有关法律文件精神，帮助农民树立规范办社理念，明确办社要求。

依法推行农民合作社在工商行政部门备案，明确其法人地位。按照"民办、民管、民受益"的合作组织原则，建立健全农民合作社入社审批、财务管理、风险保障等制度，并强化落实执行。切实发挥成员代表大会、理事会、监事会等职能，强化农民合作社民主决策、民主管理和民主监督制度。规范财务制度，加强财务管理，规范会计核算，农业行政主管部门应对合作社进行财务审计和监督。

（二）政策引导，落实推动农民合作社发展的扶持措施

要充分发挥政策激励和导向作用，进一步完善财政税收金融等支持政策，把运行规范的合作社，尤其是示范社作为政策扶持重点。创建示范社是引导农民合作社规范发展的有效手段，要继续深入推进示范社创建工作，把运行规范作为基本前提，培育一批民主管理好、运行机制灵活的合作社。根据新的形势，完善国家示范社评定办法，加强各级示范社动态监测。

完善农民合作社设施农用地管理制度，对兴建农业设施占用农用地不需要办理农用地转地审批手续生产设施占用耕地的，生产结束后由经营者负责复耕，不计入耕地减少考核；附属设施占用耕地的，由经营者按照"占一补一"要求负责补充占用的耕地。对于农民专业合作社需要的农产品加工用地，政府在安排用地指标时应适当增加农业用地指标。农业部门应当加强与财政部门、银监部门的沟通，通过制定出台贷款融资扶持政策，建立健全担保基金和风险补偿机制，共同为合作社提供更有效金融服务；推动融资合作社或资金互助合作社的发展，增加合作社自身积累，提高信用水平；鼓励金融机构创新服务模式，创新担保方式，把对农民专业合作社法人授信与对合作社成员授信结合起来，建立农业贷款绿色通道，吸引鼓励各类金融机构为合作社提供更多信贷支持。

（三）强化培训，加强辅导员队伍建设和领办人培养

加快推进辅导员队伍建设，建立多层次的指导服务体系，统一辅导员工作规程，帮助合作社完善规章制度，提高规范化管理水平。合作社发展好不好，关键在"领头雁"。强化合作社领头人培养，一方面积极建设合作社带头人人才库和培训基地，依托高校、科研院所、农业技术推广等单位，结合现代农业人才支撑计划、新型职业农民培育工程等项目，加强对合作社相关人员的培训工作，提升其经营管理素质。另一方面加大对专业人才的引进力度，制定专门的优惠政策、鼓励农技人员、农村能人和应届毕业生到农民合作社工作，逐步解决农民合作社经营和管理人才短缺的问题。努力打造一支有文化、懂技术、会管理的合作社管理人才队伍。

（四）加强指导，为农民合作社提供生产信息、技术等服务

在农民合作社发展的初期、中期阶段，其规模大都比较小，承受风险的能力差，对政策、技术、人才、市场等各方面信息依赖程度较高，而合作社自身搜集各种信息的能力又不足，因此，各级政府的相关部门应当为农民合作社提供各种信息的搜集、整理及发布等服务。组织专业技术人员深入农民合作社，对其生产活动进行指导，推广先进耕作技术，提高农民合作社的竞争水平。加强市场信息的收集和发布，帮助农民合作社开拓市场，引导合作社开展"农社对接"，加强品牌培育和推介，提升合作社发展能力。为农民合作社提供法律、营销等其他相关领域的咨询服务，提升农民合作社发展水平。积极引导涉农项目与合作社有效对接，扩大农民合作社在农村土地整理、农业综合开发、农田水利建设、农技推广等涉农项目中的参与程度。同时，引导农民专业合作社与相关科研院所、高校及农技部门建立技术依托或产学研合作关系，开展科研项目优先试验活动，以提高农民合作社的技术水平和实力。

（五）提升素质，促进农民合作社之间的联合与合作

提升素质就是要提升农民合作社的管理能力和经济实力，激发农民

合作社的内在活力，增强农民合作社的带动能力。农民专业合作社的联合与合作是世界的普遍规律，我国农民合作社要做大做强，必须走向联合与合作之路。但是目前我国《农民专业合作社法》没有对联合社的注册登记等问题给出规定。为此，对于农民专业合作社之间自愿组建的联合组织，工商部门和农业部门要尽快出台相关的登记办法，不断完善《农民专业合作社法》。合作社之间的联合也是建立在存在可盈利项目、内部管理机制有效等条件基础上的，在条件成熟的情况下，地方政府可以根据 2014 年中央一号文件的要求，积极促成联合社，尤其是以县为区域成立联合社。

第五章

农业产业化龙头企业的发展演进、
功能定位和政策取向

农业产业化龙头企业作为新型农业经营主体的重要组成部分，也是企业经营的重要主体，在构建新型农业经营体系中发挥着重要的引领作用。本章基于现实背景，回顾农业产业化龙头企业相关政策的历程，分析龙头企业的发展现状和特征，探讨新时期龙头企业的功能作用，提出促进龙头企业发展的思路和政策取向。

一、农业产业化龙头企业的发展历程和政策演进

农业产业化龙头企业具有企业的本质，又具有自己的典型特征（杨明洪，2009）。一般地讲，龙头企业主要是指从事农业生产资料供应、农产品加工或流通为主的涉农工商企业。牛若峰教授特别强调龙头企业对农户的带动作用，他写道："龙头企业之所以被称作龙头，是因为它们在发展农业产加销一体化经营系统中处于中枢地位，起着组织、引导、带动作用，至关重要的是应当得到加盟农户的认可，得到市场的认识。"理论界和政府部门对龙头企业的认识也比较统一，一般是指在农业产业化经营系统中，依托一种或者几种农产品的生产、加工、销售，一头连接农户，并与农户建立"风险共担、利益共享"的利益机制，另一头连接国内外市场，具有带动农产品生产、深化加工、开拓市场、延长链条、增加农产品附加值等综合功能的农产品加工或流通企业。

农业产业化和龙头企业发端于20世纪80年代中后期，至今已近30年的历程。在这一过程中，农业产业化和龙头企业的发展及政策环境也不断变化，总的来看，大致有四个阶段。

第一阶段为20世纪80年代中期至90年代初期，可以称为自发探索阶段。80年代中期，经济发展较快的东部地区和大城市郊区出现了"贸工农一体化"、"产加销一条龙"的新的经营方式。最常见的做法是，企业根据市场需求，与农户签订合同，建立农副产品生产基地，提供配套服务，扶持生产，培植货源，组织加工，并把产品销往国内外；农户则按合同要求进行生产，并按时定量地将产品交售给龙头企业。这

一时期是农业产业化的初创时期，政府对采取产业化经营的龙头企业还没有相应的政策，当然也没有什么干预，龙头企业处于自发的发展状态。从宏观上来看，国家很多方面的改革还处于破冰期，存在着诸多的区域界限、部门界限、行业隶属界限，龙头企业在很多领域都是摸索前行。从区域分布看，采取产业化经营方式的龙头企业多集中于东部沿海地区和大城市郊区，从行业分布看主要存在于畜禽养殖、加工行业。这一时期，龙头企业还是得到了较快的发展，据农业部统计，1992 年在畜牧业系统，采取产业化经营方式的龙头企业就有 2 000 多家。

专栏 5-1

山东诸城外贸公司

山东省诸城市外贸公司是一家较早实行一体化经营的公司。该公司从 1975 年开始搞肉鸡加工出口，但经营状况一直不太理想。从 1985 年开始，公司先后组织 6 个考察团赴美国、日本、德国、泰国等地考察。在充分论证的基础上，决定借鉴泰国正大集团先进的生产管理经验，实行贸工农一体化、产供销一条龙经营。公司从美国引进"爱拔益加"良种鸡和先进孵化设备，建起种鸡繁育场；引进饲料加工设备和配方，建起饲料加工厂；按照出口标准，改造扩建了加工冷储设施，并与日本客商建立了较为稳固的贸易关系；帮助农民建起育肥鸡饲养基地，由公司提供"四到门、三赊销、两公开、一结算"的系列化服务。实行贸工农一体化之后，公司与农民结成了利益共同体，养鸡户可以放心大胆地养鸡，公司可以获得稳定的货源，既增强了公司信誉，又开拓了国际市场。1991 年，出口分割鸡 1 万多吨，占全国肉鸡对日本出口总量的三分之一，创汇 2 000 多万美元。

资料来源：《中国农业产业化发展报告》，北京，中国农业出版社，2008。

第二阶段为 20 世纪 90 年代中后期的理论构建和政策推动阶段。1995 年 3 月，《农民日报》发表了《产业化是农村改革与发展的方向》一文，并提出了"产业化是农村改革与发展的方向"，"产业化是农村改革自家庭联产承包责任制以来又一次飞跃。"同年 12 月 11 日，《人民日报》在报道山东潍坊经验的同时，配发了"论农业产业化"的社论。至此，农业产业化的思想在全国广泛传播，引起广大实际工作者和理论界的广泛关注，并得到中央决策者和农业部的充分肯定。1996 年，农业部成立了农业产业化领导小组，负责指导、推动全国农业产业化的发展。1997 年 9 月，党的十五大报告提出："积极发展农业产业化经营，形成生产、加工、销售有机结合和相互促进的机制，推进农业向商品化、专业化、现代化转变。"1998 年 10 月，党的十五届三中全会决定，用较大篇幅对农业产业化作出了充分肯定，指出："农村出现的产业化经营，不受部门、地区和所有制的限制，把农产品的生产、加工、销售等环节连成一体，形成有机结合、相互促进的组织形式和经营机制。这样做，不动摇家庭经营的基础，不侵犯农民的财产权益，能够有效解决千家万户的农民进入市场、运用现代科技和扩大经营规模等问题，提高农业经济效益和市场化程度，是我国农业逐步走向现代化的现实途径之一。"决定还提出，发展农业产业化经营，关键是培育具有市场开拓能力、能进行农产品深度加工、为农民提供服务和带动农户发展商品生产的"龙头企业"。要引导"龙头企业"同农民形成合理的利益关系，让农民得到实惠，实现共同发展。

为推进农业产业化发展，90 年代末，成立了由农业部牵头，国家发改委、财政部、商务部、人民银行、国家税务总局、中国证监会、全国供销总社组成的全国农业产业化联席会议，建立了齐抓共管的工作协调机制。这个时期，农业产业化经营进入了有规可循的阶段，从基层自发发展逐步上升为国家各项政策和规定，并形成了"公司＋农户"、"公司＋合作社＋农户"等较为典型的订单农业发展模式。

专栏 5 −2

农业产业化经营的温氏模式

广东温氏食品集团股份有限公司是一家涵盖养殖、食品加工、农牧设备、房地产开发、实业投资等几大产业的大型现代化、信息化的农牧企业。其前身是创立于 1983 年的新兴县勒竹养鸡场,其探索发展了"公司 + 农户"的温氏模式并取得了巨大成功。2013 年,集团上市肉鸡 8.48 亿只、肉猪 1 013 万头、肉鸭 1 472 万只,总销售收入 352 亿元。

通过"公司 + 农户"的生产合作方式,将分散的农户组织连接成为温氏集团的终端生产者是温氏模式最独特的一点。首先,农户自愿申请入户后,公司指派人员上门指导鸡舍建设,然后,双方签订合同,公司为农户建立信息化档案并设立专用账户、农户按照每只鸡 3 ~5 元的标准缴纳合作保证金,在指定时间领取鸡苗、饲料及药物等,在合同规定的时间里,公司对农户进行技术指导,及时收购达到公司饲养日龄的成鸡,在扣除鸡苗、饲料、药物等物料成本费后按照公司与农户 5∶5 的分配比例兑付现金。

温氏模式获得巨大成功的经验有以下几点:第一,构建了多元主体共同参与的利益共同体。通过分担固定资产投资和生产成本支出、签署保价协议、制定最低限价收购政策和二次分配机制等,温氏集团在大量吸收运用民间资金的同时,将农户和自己联结成风险共担、利益共享的紧密联合体。通过员工持股计划将员工利益与公司发展协同起来。通过维护公司与客户、公司与竞争者之间的良好关系,维护了良好的市场秩序,为公司发展创造了良好的外部环境。第二,打造了科学的组织架构。在"公司 + 农户"基本组织架构之上,不断创新企业组织形式,实施一体化公司经营方式,通过扁平化组织结构的推行,调动了区域一体化公司的积极性,提高了公司的市场竞争力。第三，专注农业一体化经营。以工业的经营理念谋划农业、实施"产业链的一体化经营"是温氏集团的战略定位。温氏集团坚持以经营农业产业为发展目标，以养殖业为主导产业，使自身的竞争力不断得到巩固和增强。

资料来源：胡晓云、黄连贵：《模式制胜——中国农业产业化龙头企业群像解析》，杭州，浙江大学出版社，2013。

这一时期，受市场需求和政策激励的双重影响，产业化经营蓬勃发展。1996—2000 年，组织数量年均增长 53.1%，带动农户数量年均增长 31.1%，来自产业化经营的户均收入年均增长 56.5%（见表 5-1）。

表 5-1　　　　　1996—2000 年农业产业化经营发展情况

年份	1996	1998	2000
产业化经营组织数量（万个）	1.2	3.0	6.6
联结农户数量（万户）	1 995	3 900	5 955
联结农户占农户总数比例（%）	8	15	25
农户从产业化经营中户均增收（元）	150	800	900

资料来源：《中国农业产业化发展报告》，北京，中国农业出版社，2008。

第三阶段为 2000—2012 年的快速发展阶段。21 世纪以来，我国农业发展进入新阶段，农产品由供不应求转变为供求基本平衡、丰年有余。为了适应农业结构战略性调整提出的新要求和加入世界贸易组织后面临的新形势，中央加大了推进农业产业化的力度。2001 年 11 月 27 日召开的中央经济工作会议上，江泽民同志强调指出："农业产业化经营是促进农业结构战略性调整的重要途径，是通过产加销结合，使广大农民普遍受益的经营形式，要作为农业和农村经济工作中一件带全局性、方向性的大事来抓。扶持农业产业化就是扶持农业，扶持龙头企业就是扶持农民。"党的十六大要求积极推进农业产业化经营，提高农民进入市场的组织化程度和农业综合效益。党的十七大强调，支持农业产业化经营和龙头企业发展。党的十七届三中全会决定提出，发展农业产业化经营，促进农产品加工业结构升级，扶持壮大龙头企业，培育知名品牌。这一阶段，中央一号文件连续强调农业产业化和龙头企业发展，各级各部门不断完善扶持政策，积极推动组织模式创新，全面提升农业产业化经营水平（见表5-2）。2012年10月，国务院下发《关于支持农业产业化龙头企业发展的意见》（国发〔2012〕10号），对龙头企业各项优惠政策给予集成，并部署政策落实"回头看"活动，责成和促进各项政策落实到位（见表5-3）。到2012年，全国龙头企业达10多万家，其中国家重点龙头企业1 200多家，省级重点龙头企业11 000多家，涌现出一大批资产实力强、市场潜力大、技术设备先进、经营效益好、带动农户和生产基地面宽的企业集团。

表5-2　　　新世纪以来中央一号文件涉及农业产业化
龙头企业的政策内容

年份	涉及农业产业化龙头企业的政策内容
2004	各级财政要安排支持农业产业化发展的专项资金，较大幅度地增加对龙头企业的投入。对符合条件的龙头企业的技改贷款，可给予财政贴息。对龙头企业为农户提供培训、营销服务，以及研发引进新品种新技术、开展基地建设和污染治理等，可给予财政补助。创造条件，完善农产品加工的增值税政策。不管哪种所有制和经营形式的龙头企业，只要能带动农户，与农民建立起合理的利益联结机制，都要在财政、税收、金融等方面一视同仁地给予支持。
2005	继续加大对多种所有制、多种经营形式的农业产业化龙头企业的支持力度。鼓励龙头企业以多种利益联结方式，带动基地和农户发展。农业银行和其他国有商业银行要按照有关规定，加快改进对龙头企业的信贷服务，切实解决龙头企业收购资金紧张的问题。农业发展银行对符合条件的以粮棉油生产、流通或加工转化为主业的龙头企业，可以提供贷款。积极探索龙头企业和专业合作组织为农户承贷承还、提供贷款担保等有效办法。

文件名	涉及农业产业化龙头企业的政策内容
2006	要着力培育一批竞争力、带动力强的龙头企业和企业集群示范基地，推广龙头企业、合作组织与农户有机结合的组织形式，让农民从产业化经营中得到更多的实惠。各级财政要增加扶持农业产业化发展资金，支持龙头企业发展，并可通过龙头企业资助农户参加农业保险。通过创新信贷担保手段和担保办法，切实解决龙头企业收购农产品资金不足的问题。开展农产品精深加工增值税改革试点。
2007	通过贴息补助、投资参股和税收优惠等政策，支持农产品加工业发展。中央和省级财政要专门安排扶持农产品加工的补助资金，支持龙头企业开展技术引进和技术改造。完善农产品加工业增值税政策，减轻农产品加工企业税负。落实扶持农业产业化经营的各项政策，各级财政要逐步增加对农业产业化的资金投入。农业综合开发资金要积极支持农业产业化发展。金融机构要加大对龙头企业的信贷支持，重点解决农产品收购资金困难问题。
2008	继续实施农业产业化提升行动，培育壮大一批成长性好、带动力强的龙头企业，支持龙头企业跨区域经营，促进优势产业集群发展。中央和地方财政要增加农业产业化专项资金，支持龙头企业开展技术研发、节能减排和基地建设等。探索采取建立担保基金、担保公司等方式，解决龙头企业融资难问题。抓紧研究完善农产品加工税收政策，促进农产品精深加工健康发展。允许符合条件的龙头企业向社会发行企业债券。
2009	扶持农业产业化经营，鼓励发展农产品加工，让农民更多分享加工流通增值收益。中央和地方财政增加农业产业化专项资金规模，重点支持对农户带动力强的龙头企业开展技术研发、基地建设、质量检测。鼓励龙头企业在财政支持下参与担保体系建设。采取有效措施帮助龙头企业解决贷款难问题。
2010	支持龙头企业提高辐射带动能力，增加农业产业化专项资金，扶持建设标准化生产基地，建立农业产业化示范区。
2012	充分发挥农业产业化龙头企业在"菜篮子"产品生产和流通中的积极作用。通过政府订购、定向委托、招投标等方式，扶持涉农企业等社会力量广泛参与农业产前、产中、产后服务。

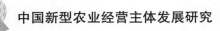

文件名	涉及农业产业化龙头企业的政策内容
2013	支持龙头企业通过兼并、重组、收购、控股等方式组建大型企业集团。创建农业产业化示范基地，促进龙头企业集群发展。推动龙头企业与农户建立紧密型利益联结机制，采取保底收购、股份分红、利润返还等方式，让农户更多分享加工销售收益。鼓励和引导城市工商资本到农村发展适合企业化经营的种养业。增加扶持农业产业化资金，支持龙头企业建设原料基地、节能减排、培育品牌。逐步扩大农产品加工增值税进项税额核定扣除试点行业范围。
2014	鼓励发展混合所有制农业产业化龙头企业，推动集群发展，密切与农户、农民合作社的利益联结关系。
2015	推进农业产业化示范基地建设和龙头企业转型升级。引导农民以土地经营权入股合作社和龙头企业。鼓励工商资本发展适合企业化经营的现代种养业、农产品加工流通和农业社会化服务。

资料来源：根据历年中央一号文件整理。

表5－3　　国务院支持龙头企业发展意见核心内容

政策框架	政策内容
龙头企业定位	龙头企业集成利用资本、技术、人才等生产要素，带动农户发展专业化、标准化、规模化、集约化生产，是构建现代农业产业体系的重要主体，是推进农业产业化经营的关键。支持龙头企业发展，对于提高农业组织化程度、加快转变农业发展方式、促进现代农业建设和农民就业增收具有十分重要的作用。
加强标准化生产基地建设	切实加大资金投入，强化龙头企业原料生产基地基础设施建设；支持龙头企业带动农户发展设施农业和规模养殖，开展多种形式的适度规模经营；鼓励龙头企业开展标准化生产基地建设；支持龙头企业开展质量安全认证。

政策框架	政策内容
发展农产品加工	改善龙头企业加工设施装备条件，鼓励龙头企业引进先进适用的生产加工设备，改造升级贮藏、保鲜、烘干、清选分级、包装等设施装备。鼓励龙头企业合理发展农产品精深加工，延长产业链条，提高产品附加值。支持龙头企业以农林剩余物为原料的综合利用和开展农林废弃物资源化利用、节能、节水等项目建设，积极发展循环经济。
创新流通方式	支持大型农产品批发市场改造升级，鼓励和引导龙头企业参与农产品交易公共信息平台、现代物流中心建设，支持龙头企业建立健全农产品营销网络。鼓励龙头企业大力发展连锁店、直营店、配送中心和电子商务，研发和应用农产品物联网，推广流通标准化，提高流通效率。支持龙头企业改善农产品贮藏、加工、运输和配送等冷链设施与设备。支持符合条件的国家和省级重点龙头企业承担重要农产品收储业务。鼓励和引导龙头企业创建知名品牌，提高企业竞争力。
推动龙头企业集群集聚	支持龙头企业通过兼并、重组、收购、控股等方式，组建大型企业集团。支持符合条件的国家重点龙头企业上市融资、发行债券、在境外发行股票并上市。积极创建农业产业化示范基地，支持农业产业化示范基地开展物流信息、质量检验检测等公共服务平台建设。引导龙头企业向优势产区集中，推动企业集群集聚，培育壮大区域主导产业，增强区域经济发展实力。
加快技术创新	通过国家科技计划和专项等支持龙头企业开展农产品加工关键和共性技术研发。落实自主创新的各项税收优惠政策。发挥龙头企业在现代农业产业技术体系、国家农产品加工技术研发体系中的主体作用，承担相应创新和推广项目。农业技术推广机构要积极为龙头企业开展技术服务，引导龙头企业为农民开展技术指导、技术培训等服务。各类农业技术推广项目要将龙头企业作为重要的实施主体。培养一大批具有世界眼光、经营管理水平高、熟悉农业产业政策、热心服务"三农"的新型龙头企业家。鼓励龙头企业采取多种形式培养业务骨干，积极引进高层次人才，并享受当地政府人才引进待遇。

续表

政策框架	政策内容
完善利益联结机制	龙头企业要在平等互利的基础上，与农户、农民专业合作社签订农产品购销合同，形成稳定的购销关系。支持龙头企业与农户建立风险保障机制，对龙头企业提取的风险保障金在实际发生支出时，依法在计算企业所得税前扣除。引导龙头企业与合作组织有效对接。支持龙头企业围绕产前、产中、产后各环节，为基地农户积极开展农资供应、农机作业、技术指导、疫病防治、市场信息、产品营销等各类服务。逐步建立龙头企业社会责任报告制度。
开拓国际市场	积极引导和帮助龙头企业利用普惠制和区域性优惠贸易政策，增强出口农产品的竞争力。引导龙头企业充分利用国际国内两个市场、两种资源，拓宽发展空间。切实做好龙头企业开拓国际市场的指导和服务工作，加强国际农产品贸易投资的法律政策研究，及时发布市场预警信息和投资指南。

资料来源：根据《国务院关于支持农业产业化龙头企业发展的意见》（国发〔2012〕10号）整理，http://www.gov.cn/zwgk/2012 - 03/08/content_2086230.htm。

第四阶段为 2012 年以来的转型发展阶段。随着我国经济连续 30 多年的快速发展，我国已成为世界第二大经济体。然而，总的来看，我国经济发展是比较粗放的，导致了资源环境都绷得很紧，且经济体量如此之大，再保持两位数的高速增长是难以为继的，我国经济步入了以中低速、高质量为特征的新常态。本书认为，在这种新常态下，龙头企业也不能独善其身，将面临三个方面的挑战。一是经济增速下降，社会总需求增速也相应下降，对龙头企业开拓市场产生不利影响；二是集团消费减少，国内消费市场结构重构，对龙头企业开发产品和市场定位提出挑战；三是资源环境约束越来越大，外延式、粗放型发展方式迫切需要转型升级。基于以上分析，本书认为，新常态下龙头企业的发展速度将会减慢，并倒逼龙头企业加强技术改造和升级，加大信息化对产业发展的支撑，龙头企业进入转型发展的新阶段。

专栏 5 - 3

联想佳沃的"三全模式"

联想佳沃集团成立于 2012 年，主要从事现代农业和食品领域的投资和相关业务运营。联想佳沃集团作为中国最大的水果全产业链企业，在海外及中国拥有规模化的蓝莓和奇异果种植基地，拥有领先的种苗繁育中心、工程技术中心、分选加工中心、冷链物流平台和品牌营销网络。联想佳沃集团将工业化的运营理念应用于农业产业化发展，创新性地提出了"三全模式"。

全产业链运营：秉承"好产品从种植开始"的理念，佳沃建立了从品种选育、种植管理、采摘分选，到冷链物流和营销网络的全产业链业务模式，为消费者生产和交付安全、高品质的产品。

全程可追溯：佳沃建立了从田间到餐桌的全程可追溯系统，每个环节都有品质标准、作业规范和责任到人的质量管控体系，并详细记录全程信息，确保产品质量安全。

全球化布局：佳沃在全球优质产区进行布局，为消费者全年无间断提供新鲜农产品和高品质食品，同时引入海外农业和食品领域的先进技术和管理模式，致力于将佳沃打造成为中国现代农业领导品牌。

资料来源：根据百度百科佳沃集团和集团网站 http://www. joyvio. com/ 整理。

二、龙头企业的发展状况和趋势特征

（一）龙头企业发展状况

1. 组织数量增加、效益提升

近年来，龙头企业从少到多、由小及大，得到了较为快速的发展。

据农业部产业化办公室统计，2004—2013 年，龙头企业数量由 4.97 万家增加到 12.34 万家，年均增长 10.63%；固定资产总额由 6 365.03 亿元增加到 35 835.53 亿元，年均增长 21.17%（见图 5-1 和图 5-2）。

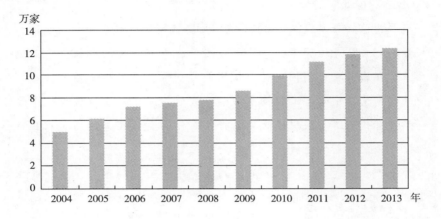

图 5-1　龙头企业数量变化

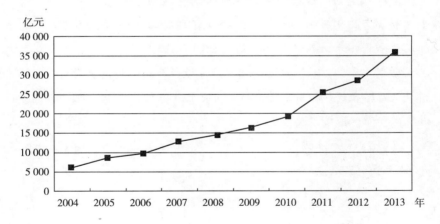

图 5-2　龙头企业固定资产总额变化

随着龙头企业数量和规模的扩大，龙头企业生产经营效益也呈不断上升趋势。2004—2013 年，龙头企业销售总收入由 14 260.54 亿元增加到 78 579.96 亿元，年均增长 20.88%；净利润总量由 900 亿元增加到 5 158.62 亿元，年均增长 21.41%；出口创汇由 207.92 亿元增加到

555.91 亿元，年均增长 11.55%；上缴税金由 481.86 亿元增加到 2 628.51 亿元，年均增长 20.74%（见图 5-3 和图 5-4）。

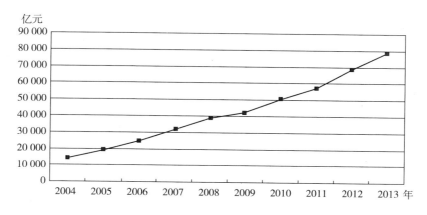

图 5-3　龙头企业销售收入总额变化

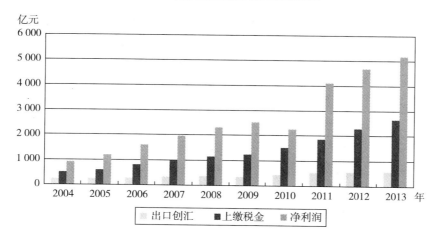

图 5-4　龙头企业总体经营情况

从单个龙头企业来看，龙头企业的平均规模也不断扩大。2004—2013 年，平均每个龙头企业的固定资产额由 1 280 万元增加到 2 904 万元，销售收入由 2 869 万元增加到 6 369 万元，净利润由 181 万元增加到 418 万元，年平均增长率分别为 9.53%、9.27%、9.75%，保持了较快的增长势头（见图 5-5）。

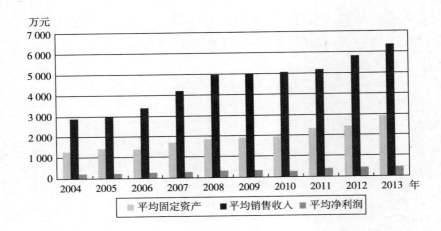

图 5-5 龙头企业平均规模及经营情况变化

随着龙头企业的发展壮大，各地都涌现出了一些大型特大型的龙头企业集团，并呈现不断增多的态势。图 5-6 给出了 2011—2013 年销售收入超 10 亿元、30 亿元、50 亿元、100 亿元的龙头企业数量，都呈现出上升趋势。

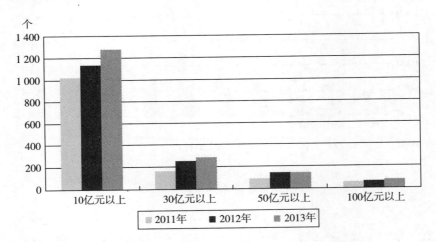

图 5-6 大型龙头企业数量变化

2. 覆盖产业以种养为主、兼顾其他

在各类龙头企业中，以从事种植和养殖及其加工业为主，占到总数的 80% 以上。2013 年，各种行业龙头企业的数量和销售收入占龙头企业总数和总销售收入的比例见图 5 - 7 和图 5 - 8。

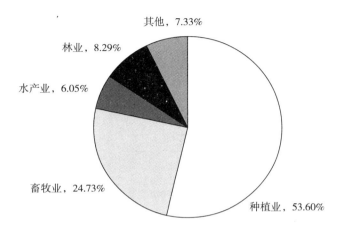

图 5 - 7　2013 年各行业龙头企业数量占比

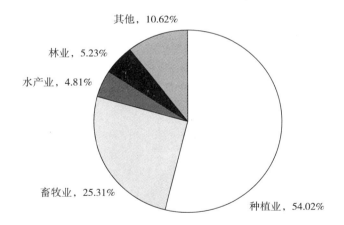

图 5 - 8　2013 年各行业龙头企业销售收入占比

3. 基地建设投入增加、规模扩大

基地建设是龙头企业获得稳定原料的基础。近年来，龙头企业普遍重视基地建设，包括自建基地、订单基地，有的龙头企业还跨区域建设生产基地。总的来看，龙头企业的基地投入在快速增加，基地规模也在扩大。2007—2013 年，龙头企业对原料基地的投入由 640.9 亿元增加到 3 858.1 亿元，增长了 5 倍以上（见图 5 - 9）。

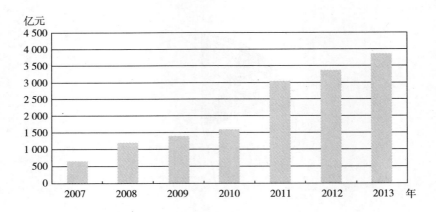

图 5 - 9　龙头企业原料基地投入情况

从基地投入的结构看，主要是基础设施建设投入，此外还包括农民培训投入、生产资料垫付支出等。2013 年龙头企业基地建设投入的结构，如图 5 - 10 所示。

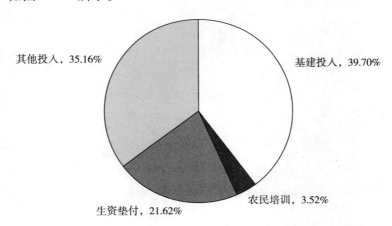

图 5 - 10　2013 年龙头企业基地投入结构

伴随着基地投入增加，基地规模也在逐步扩大。表 5 - 4 给出了 2011—2013 年龙头企业生产基地规模的变化情况。从中可以看出，近年来龙头企业的基地规模保持着稳步扩大的趋势。2013 年底，龙头企业辐射带动种植业生产基地约占全国农作物播种面积的六成；带动畜禽饲养量超过全国畜禽饲养量的三分之二；带动养殖水面超过全国的八成，龙头企业主要农产品原料采购总额 3.41 万亿元，以龙头企业为主的农业产业化经营组织成为农业生产和农产品市场供给重要主体，对保障国家粮食安全和农产品有效供给发挥了积极作用。

表 5 - 4 龙头企业基地规模变化情况

年份	种植面积（万亩）	牲畜饲养量（万头）	禽类饲养量（万只）	养殖水面面积（万亩）
2011	100 318	110 515	779 499	5 393
2012	103 497	115 863	845 304	5 675
2013	113 566	119 338	857 914	5 982

4. 带动农民就业和增收

龙头企业通过订单、合作、入股等多种形式，带动农户从事农业产业化经营，同时为农户提供农资供应、技术指导、产品购销、仓储物流等服务，吸纳农民就业，与农民共享产业化发展成果。2013 年，龙头企业带动农户数达 6 671 万户，带动基地农户增收总额 2 447 亿元，农户户均增收近 3 700 元；龙头企业职工人数 2 404.72 万人，龙头企业工资福利总支出 0.52 万亿元，职工年收入 2.16 万元。

在带动农民增收的结构中，按合同价收购比按市场价收购向农民多支付的差价占农民增收的主要部分，其次为工资报酬、股份返还、土地租金等。2013 年龙头企业带动基地农户增收的结构见图 5 - 11。

（二）龙头企业发展的趋势特征

目前，农业产业化和龙头企业发展逐步由数量扩张向质量提升转变，由松散型利益联结向紧密型利益联结转变，由单个龙头企业带动向龙头企业集群带动转变，呈现出以下几个方面的趋势。

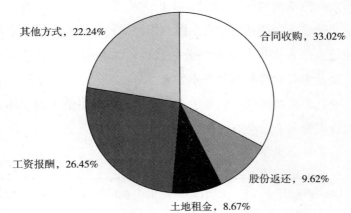

图 5 - 11　2013 年龙头企业带动农民增收来源结构

1. 从单个龙头企业引领向龙头企业集群引领转变

随着国内市场的迅速扩大，农业产业组织的多元化，以及不同产业之间的协同整合，农业产业化经营的引领方式也发生了重要变化。国际金融危机的爆发、产业梯度转移等外部冲击打破了原有的市场格局，进一步推动龙头企业进行资源要素整合，一批产品质量高、具有自主品牌、综合实力强的企业脱颖而出，市场份额明显提高，影响力显著增强，逐步形成了起点高、规模大、竞争力和带动力强的大型龙头企业和企业集团，成为农业农村经济发展的新引擎。一些地方充分利用资源和区位优势，推进龙头企业集群集聚，发展相关配套产业，形成了一批企业分工协作良好、组织化程度较高、辐射带动效果显著的产业集聚区。农业产业化的引领方式，由以前单个组织带动为主，发展为由不同组织的协同带动为主，并逐渐发展成产业集群引领，产业集群集聚发展已经成为重要趋势。随着我国农业优势区域布局进一步发展、企业集团化集群化发展的内在动力不断加强和地方政府的大力推动，未来我国龙头企业进行资源整合、跨区经营、兼并重组、集团化集群化发展的趋势也会越来越明显。

2. 由要素驱动向创新驱动转变

近20年农业产业化和龙头企业的发展，总的来看，主要是得益于市场容量的扩大和要素投入的增加，是一种基于外延扩张的发展方式。随着市场竞争的日趋激烈和产业融合程度的不断加深，从根本上提升产业竞争力成为更加重要的选择。在新的时期，农业产业化和龙头企业发展的驱动力将由主要依靠要素驱动转向越来越多依靠创新驱动，由要素扩张转向要素优化组合，由注重产品结构升级转向要素结构升级。通过导入现代科技和先进生产方式，农业产业化和龙头企业更加重视对新品种、新技术、新工艺、新理念等要素的投入，更加注重人力资本，更加注重先进管理方式，更加注重商业模式创新，从利用资源比较优势转向培育综合竞争优势，努力实现绝对优势或核心优势的新突破。

3. 从单向联结向融合发展转变

在传统农业产业化经营中，龙头企业和农户在产业链条上主要通过产品购销联结，利益关系相对松散，且相关主体履约意识不强，执行契约受到的约束也比较少，以至于在一些情况下产业化发挥的作用并不突出。新时期农业产业化经营将着力突破单一产品联结的现状，从单向联结向融合发展转变。一是龙头企业和其他经营主体的联结纽带将呈复合化、双向化。目前，农业产业化经营联结纽带拓展到产品以外，具体包括技术联结、服务联结以及由土地、资金、技术、劳动力等带来的产权联结等多纽带复合型联系，利益联结关系更加紧密。二是龙头企业和家庭农场、农民合作社相互入股渗透、相互融合。农户、家庭农场、农民合作社以土地、劳力等要素入股龙头企业，龙头企业以资金、技术入股家庭农场和合作社，各经营主体相互渗透，由链条状联结向网状联结转变，形成利益共同体，融合发展、利益共享。

4. 由延伸产业链向提升价值链转变

从农业产业化经营组织发展实践看，延伸产业链可以做大组织，而提升价值链可以做强组织。越来越多的龙头企业已经从延伸产业链向提升价值链转变，注重将价值链管理应用到产业链的各个环节，注重各主体合理分享价值增值，注重节约各环节间的交易成本、提高交易效率。总的来看，产业链一体化程度会越来越高，价值链各主体的利益关系会越来越密切，生产效率和交易效率越来越高，消费者体验越来越友好。农业产业化和龙头企业将从外延扩张向内生发展转变，从技术创新向价值创新转变，通过有效实施蓝海战略，实现真正有竞争力、可持续的发展。

5. 从适应市场需求向引导市场需求转变

当前，我国居民生活消费水平快速提高和食品消费结构不断升级，给产业化经营引导市场需求提供了机遇。产业化经营和龙头企业可以通过信息化、电子化、互联网、直销专供等营销手段，来引导和满足日益差异化、特色化的市场需求，实现市场的细分，拓展需求的空间。同时，产业化经营和龙头企业还可以创新消费理念，创造消费概念，优化消费方式，积极引导消费者的绿色消费、健康消费、功能消费，引领市场需求的转变。

三、新常态下农业产业化和龙头企业的功能定位

当前，随着工业化、城镇化和信息化快速发展，深化农村改革全面推进，新型农业经营体系加快构建，农业产业化和龙头企业发展进入了一个新阶段。其指导农户开展生产、带动农户进入市场、促进农民就业增收的传统功能将不断得到深化，除此之外，在新形势下农业产业化和龙头企业还要肩负新的功能定位，具体来看，农业产业化和龙头企业由传统的以联接生产和市场为主转向推动农业生产链条重构和经营管理模式转型；由作为重要农产品供给保障主体向农产品质量安全的责任主体延伸；由推动现代农业发展的依靠力量向县域经济和小城镇发展的主要产业支撑拓展。新时期农业产业化经营的功能和定位主要体现在以下五

个方面。

（一）促进一二三产业融合发展

农业是第一产业，不仅产品附加值较低，而且风险也比较大。促进农业的健康稳定发展，必须跳出农业看农业，通过延长产业链条，突破第一产业的限制，"接二连三"发展农产品加工和销售，拓展农业多种功能，将农业发展的不确定性内在化于产业链整体之中，从而提高农业效益、降低农业风险。农业产业化经营通过整合产业链、提升价值链和拓展多功能，能有效促进一二三产业融合互动发展。2014年12月底召开的中央农村工作会议明确提出，大力发展农业产业化，把产业链、价值链等现代产业组织方式引入农业，促进一二三产业融合互动。

一是整合产业链。产业链整合是对产业链进行调整、协同、组合和一体化的过程，包括横向整合、纵向整合以及混合整合三种类型。本书认为，新时期的农业产业化，既要注重横向整合，通过对产业链上相同类型企业的约束来提高企业的集中度，扩大市场势力；又要注重纵向整合，通过对上下游施加纵向约束，使之接受一体化或准一体化的合约，通过产量或价格控制实现纵向的产业利润最大化。新时期，通过促进龙头企业做大做强，开展股权并购、战略联盟，发挥龙头企业协会行业自律的作用，可以有效促进产业链横向整合；通过发展自建基地和订单基地，发展会员制农业和订单农业，强化契约执行，可以有效促进产业链的纵向整合。从这两个方面来看，农业产业化经营都是产业链整合的重要途径。

二是提升价值链。价值链的概念是由美国哈佛商学院的迈克尔·波特（Michael E. Porter）于1985年在其所著的《竞争优势》一书中首先提出的。他认为，任何企业的价值链都是由一系列相互联系的创造价值的活动构成，这些活动分布于从原材料获取到最终产品消费时的服务之间的每一个环节，包括供应商价值链、企业价值链、渠道价值链和买方价值链，这些环节相互关联并相互影响。将价值链理论运用到农业经营中，可以发现，通过农业产业化经营，发展农产品加工、流通和各种服务，创新商业模式，依托产业链条上的各类主体，通过利益联结机制，将农户、合作社、龙头企业、流通企业以及消费者紧密地联系在一起，能有效提升产业价值链，让各相关主体分享产业增值收益。

三是拓展多功能。农业多功能性概念的提出可以追溯到 20 世纪 80 年代末和 90 年代初日本提出的"稻米文化"。1992 年联合国环境与发展大会通过的《21 世纪议程》正式采用了农业多功能性提法。根据国外的研究结果，结合我国的实际和研究，农业多功能性的含义可归纳为：农业多功能性是指农业具有提供农副产品、促进社会发展、保持政治稳定、传承历史文化、调节自然生态、实现国民经济协调发展等功能；且各功能又表现为多种分功能，各功能表现为相互依存、相互制约、相互促进的多功能有机系统特性。在更加注重生态环境、文化传承、质量安全的背景下，农业的重要作用不言而喻。对当前的农业产业化来讲，也要突破传统的产加销一体化模式，将产业化的内涵拓展到更加广阔的领域，如休闲观光、农事体验、文化传承、生态保护等，实现经济效益、社会效益和生态效益的有机结合。

（二）促进新型农业经营体系构建

党的十八大提出了构建集约化、专业化、组织化、社会化相结合的新型农业经营体系这一重大任务。中央提出这一任务，是为了破解未来"谁来种地"、"地怎么种"等农业生产经营面临的紧迫问题。其中，集约化是相对粗放经营而言的，主要指加强对农业的投入，提高农业生产效率；专业化是相对兼业化而言的，主要指培育专业大户、家庭农场等职业农民；组织化是相对分散经营而言的，主要指通过农民合作社、专业协会、龙头企业的带动，提高农户生产的组织化程度；社会化是相对个体而言的，主要指加强农业社会化服务，克服农户小规模经营的弊端。对当前而言，构建新型农业经营体系，核心是培育新型农业经营主体，关键是健全各主体间的利益关系，重点是加强农业社会化服务。

发展农业产业化经营，通过龙头企业与农户建立利益联结关系，能有效培育新型农业经营主体，提升农业社会化服务水平，促进家庭经营、集体经营、合作经营、企业经营融合发展，推进新型农业经营体系的构建。

一是孵化和培育新型农业经营主体。发展农业产业化经营，通过龙头企业的引领，以"公司＋农户"的组织模式为基础，龙头企业将现代的经营管理理念和先进适用技术传授给农民，提高了他们的综合素质和劳动生产率，扩大生产经营规模，带动农户发展壮大，催生形成了一批专业大户和家庭农场；龙头企业通过引导农户联合成立农民合作社，或参与领办创办合作社，为合作社提供质量体系建设、技术指导、市场开拓和资金支撑，打造了一批组织化水平高、凝聚力向心力强、服务功能完善的农民合作社。在龙头企业的引领下，在产业化经营方式的作用下，培育和形成小农户、专业大户、家庭农场、农民合作社、龙头企业等多元经营主体，为构建新型农业经营体系提供主体支撑。

二是融合家庭经营、集体经营、合作经营和企业经营等多种经营方式。党的十八届三中全会提出，坚持家庭经营在农业中的基础性地位，推进家庭经营、集体经营、合作经营、企业经营等共同发展的农业经营方式创新。在实践中，这四种经营方式各有所长。家庭经营的优点是劳动监督成本低，集体经营具有组织优势和交易成本低的特点，合作经营的优点是农民组织化程度高和谈判能力强，企业经营的优点是资金技术密集以及加工和开拓市场能力强。通过农业产业化经营，以产业链为主线，通过"公司＋农户"、"公司＋合作社＋农户"、"公司＋集体经济组织＋农户"等组织模式，可以将不同主体联结起来，生产商品农产品，实现生产加工销售的有效连接；以要素优化配置为途径，发挥家庭农场、集体经济组织、农民合作社、龙头企业在生产要素方面的各自优势，实现资源利用和经济效益的最大化；以利益为纽带，采取订单收购、利润返还、股份分红等多种形式，让各类主体合理分享产业链的增值收益。

三是促进新型农业社会化服务体系发展。新型社会化服务体系发展的方向和重点是经营性服务组织。2013 年中央一号文件指出，发挥经营性服务组织在社会化服务体系中的生力军作用。在经营性服务组织中，龙头企业实力雄厚，与农户、合作社等长期合作，在提供服务上具有质量优、针对性强、供需对接顺畅等优势，是新型农业社会化服务体系的骨干。龙头企业要继续通过为农户提供农资销售、农机作业、统防统治、生产技术指导、产品销售等统一服务，解决一家一户办不了、办不好、办起来不划算的事情。在新形势下，龙头企业还需要继续充分发挥自身的资源优势，不断探索贷款担保、风险防范、财务管理、商务咨询和经营模式辅导等新的服务方式，在新型农业社会化服务体系中承担更多更重要的责任。

（三）推动农业转型升级

我国人多地少水缺和生态环境脆弱的基本国情，决定了当前粗放式、外延式的农业发展方式难以为继，亟需通过产业转型升级，走集约化、内涵式的现代农业发展道路。农业转型升级的过程，就是通过向农业注入资金、技术、人才和先进管理方式，将传统农业改造为现代农业的过程。在这个过程中，龙头企业由于具备资金、技术、人才等多方面的比较优势，能够弥补传统农业的缺陷和不足，是引领农业转型升级的重要力量。《国务院关于支持农业产业化龙头企业发展的意见》（国发〔2012〕10 号）开篇就明确指出，龙头企业集成利用资本、技术、人才等生产要素，带动农户发展专业化、标准化、规模化、集约化生产，是构建现代农业产业体系的重要主体。党的十八届三中全会决定明确提出，鼓励和引导工商资本到农村发展适合企业化经营的现代种养业，向农业输入现代生产要素和经营模式。

一是促进先进技术和优秀人才导入农业。当前，农村青壮年劳动力大量转移，高素质劳动力快速流失，农业缺人手特别是缺人才，已成为制约农业转型升级的瓶颈。近年来，随着龙头企业的不断发展壮大，通过发展订单农业，向农业输出新技术新工艺，向农民输出标准化生产方式，培养造就了一大批新型职业农民。同时，龙头企业依托其稳定的生产工作条件和广阔的发展前景，还吸引了一大批优秀人才加盟，参与农业产前、产中、产后各环节，成为各类人才和先进适用技术进入农业的有效渠道。龙头企业将先进的技术教给农民，将工业化的生产理念应用于农业，将优秀的人才留在农村，缓解了农村人才快速流失的局面，培养造就了一大批懂技术、会经营、善管理的新型职业农民，提高了农业生产经营人员的水平和素质，从一个方面回答了"谁来种地"、"地怎么种"的问题，也为农业转型升级提供了智力支撑。

二是推动资本和技术集约型农业示范推广。随着工业化和城镇化的持续发展，农村劳动力拥有非农就业机会越来越多，农村劳动力从事农业的机会成本在不断提高。在这种形势下，农业劳动力正逐步由过剩转向短缺，过去以过密化劳动投入为特征的传统农业已无法持续，集约利用资本和技术成为现代农业发展的大方向。而这种集约利用资本和技术的农业生产方式尽管产出较高，但不容忽视的是这种模式具有很强的不确定性，即高投入、高产出与高风险并存。而现有的小规模农户自身实力弱，抗风险能力差，尚不完全具备发展资本、技术密集型农业的条件。并且农户一般都是风险厌恶型，只要他们没有亲眼看到新技术、新品种、新工艺的效果，技术推广就很难进行和普及，在投入方面会异常谨慎。在这种情况下，就可以发挥龙头企业的示范和带动效应，通过龙头企业率先应用最新科技成果、改进生产工艺，建设高效的产加销一体化生产服务体系，推动农业生产由劳动密集向资金和技术集约的方向转变，进而提高土地产出率和劳动生产率，增加农业经营的效益。当农民看得见、摸得着这些实实在在的收益时，向农户示范应用推广新产品、新技术的阻力就会大大减少，龙头企业也就起到了为发展现代农业创造经验、为农户提供试验示范的作用。

三是引领农业商业模式创新。当前的农产品市场总体是一个买方市场，农产品不仅面临国内的激烈竞争，而且随着中国对外开放程度的加深，国际竞争也越来越大。在这种形势下，谁赢得市场，谁就能在激烈的竞争中存活下来，可以说，市场是决定产业兴衰的关键因素。在传统农业生产经营方式下，由于农产品供求信息不对称，物流渠道不畅通、销售方式单一，总是难以走出"少了抢、多了贱"的销售困境。与其他农业经营主体相比，龙头企业具有贴近市场的优势，具有更加敏锐的嗅觉，在商业模式创新上更加具有前瞻性和适应性。在农业产业化经营20多年的实践中，龙头企业逐步探索出了定制农业、特许加盟经营、电子商务营销、会员直供直销等多种模式，顺应消费结构升级和消防习惯改变，引领农业生产经营方式的创新。

（四）保障农产品质量安全

当前，随着人们生活水平的提高，对农产品的需求已经由数量向质量转变，由吃得饱到吃得好、吃得安全转变。特别是近年来发生了一些农产品质量安全事件，全社会都对质量安全绷紧了神经，高度关注这个问题。之所以频频出现质量安全问题，究其原因，就是传统农业产业各环节是断裂的，质量安全追溯很困难，责任主体不明确，信用体系不健全，很难有效保障农产品质量安全。推进农业产业化经营，实现农业的区域化布局、规模化经营、标准化生产和企业化管理，为保障农产品有效安全供给建立了有效机制。特别是强调龙头企业的责任主体作用，发挥龙头企业保障质量安全的主动性，能为保障农产品质量安全提供有力支撑。

龙头企业是一个法人主体，属于市场中的"非匿名交易者"。在这种情况下，市场信誉和品牌价值可能会因为一次质量安全问题而毁于一旦，这势必会形成一种市场倒逼机制，迫使其不得不高度重视质量安全问题。在农业产业化经营模式下，龙头企业就自然成为了质量安全的责任主体，从机制上解决了质量安全事件无法追踪溯源的问题。从这个视角来看，龙头企业保障质量安全与企业健康持续发展具有内在统一性，其具有保障质量安全的内生动力。

在生产组织上，龙头企业建立高标准生产基地，统一投入品使用、生产技术和工艺，杜绝违禁化肥、农药、兽药进入农业生产环节，从源头上保障农产品的质量安全。在质量追溯上，龙头企业可以指导农户做好农产品生产记录，定期监测产地环境，建立完善基地生产档案，构建农产品加工和流通标准化生产体系，强化质量安全责任制，通过定量包装、标识标志、商品条码等手段，建立"从田头到餐桌"的质量可追溯机制。在第三方监督上，龙头企业开展无公害农产品、绿色食品、有机食品等质量安全认证，通过 ISO、HACCP 等质量管理体系认证，建立健全生产操作规程，有效提升质量水平和品牌价值。

（五）发展县域经济和小城镇建设

近年来，我国的城镇化发展很快，2013 年我国城镇化率已达到53.7%。然而，我国的城镇化存在着发展质量低、发展不平衡的问题，突出表现在大城市和特大城市"城市病"问题突出，以及半城镇化特征明显。党的十八届三中全会针对这一问题明确提出，坚持走中国特色新型城镇化道路，推进以人为核心的城镇化，全面放开建制镇和小城市落户限制，推动大中小城市和小城镇协调发展、产业和城镇融合发展。从中央的表述可以看出，县域经济和小城镇将是未来城镇化发展的一个重点。农业产业化具有集聚产业和就业的作用，可以为县域经济和小城镇提供产业支撑，促进产业和城镇融合发展，具有县域经济和小城镇发展引擎的作用。

一是开发利用农村优势资源。我国各地有着不同的自然、经济和社会条件，大部分县域都拥有具有地域特色的农业资源、独特的传统文化资源和丰富的人力资源。通过农业产业化经营，充分利用龙头企业在信息、技术和品牌、渠道等方面的优势，找准当地资源和市场对接的着力点，有利于开发当地优势资源，发掘农业多种功能，发展特色农产品、休闲农业、生态旅游和农耕文化产业，推动资源变产品、产品变商品、商品变名品。

二是培育壮大农业主导产业。农业产业化经营是培育壮大县域经济和小城镇主导产业的有效途径，通过龙头企业带动，建设规模化、标准化原料基地，发展农产品加工以及储藏、包装、运输、营销等配套产业，将产前、产中、产后各环节有机统一起来，可以形成完整的产业体系。通过引导龙头企业向优势产业和优势产区聚集，促进产业链条纵向延伸和横向扩张，形成企业分工明确、协调配合、资源共享、优势互补的产业运行体系，发挥企业集群规模效应，形成区域经济增长极；龙头企业的集群发展可以加快信息、金融、咨询等相关服务业发展，吸引人口向集聚区集中，带动文化、教育、卫生等社会事业和餐饮娱乐等服务业发展，有利于推动城镇化建设。

三是促进区域间产业转移。当前，东部地区经济快速增长，但也暴露出资源约束加剧、经营成本增加、竞争日趋激烈等突出问题，产业转型升级的要求越来越迫切，尤其是龙头企业面临的土地资源和劳动力成本的约束更为突出，这使得东部龙头企业把目光投向广大中西部地区，区域间的产业转移加速。在这种背景下，中西部地区充分发挥资源优势和政策优势，改善基础设施和生产条件，主动承接东部地区产业转移，加强区域间联合合作，可以加速中西部地区县域经济和小城镇的发展。

四、龙头企业发展面临的问题及主要思路和政策取向

（一）主要问题

当前，龙头企业发展还面临一些突出的问题。一是利益联结关系仍比较松散。产品购销合同仍是龙头企业和农户主要的利益联结方式，以技术、服务、资金、资产作为利益联结纽带的紧密型产业化利益联结方式还不多，通过契约和约定的简单联结方式仍然占到不小的比例。还有

很大比例的农户与产业化组织并没有签订比较规范的订单，与龙头企业只是通过市场交易进行联结。此外，由于农民分散性的特征，目前农户在与龙头企业对接过程中还处于弱势，谈判地位不高，在利益分享中处于不利地位。二是企业盈利水平不高。近年来，龙头企业用工成本持续增加，远快于销售收入增长率。尤其是地处中西部农村地区的龙头企业，"招不到、留不住、工价高"用工难题更为突出。加上土地租金持续上涨，国内市场竞争进一步加剧，龙头企业利润率呈下滑趋势。与此同时，国内外农产品价格倒挂，粮棉油主要农产品价格高于国外，进一步加大了龙头企业的生产经营压力。三是土地、资金、技术等要素制约。龙头企业在发展过程中，还面临着比较严重的土地、资金、技术等方面的制约。由于农产品加工业的税收比较有限，龙头企业在用地上非常困难。受企业实力和抵押物不足的限制，龙头企业在金融机构融资也比较困难，特别是在农产品集中收购时期。此外，随着国家对资源、环境以及质量安全的高度重视，一些龙头企业生产方式落后的问题也愈发凸显。

（二）基本思路

当前和今后一个时期，龙头企业要把创新发展、转型升级放在首位，要把重新定位和开拓市场摆在更加重要的位置，着力构建各类产业化经营主体融合发展的新机制。

1. 促进各类产业化经营主体融合发展

龙头企业在现代农业经营体系中是最有活力、最具创新能力的经营主体，要充分发挥龙头企业在农业产业化经营中的带动作用，把各类经营主体聚集起来，多向融合，抱团发展。一是要实现各经营主体之间要素、资源的融合共享。龙头企业要完善与家庭农场、农民合作社等经营主体的利益联结机制，吸引家庭农场、农民合作社以土地承包经营权、劳动力等要素入股企业，企业则以资金、技术等要素入股家庭农场和合作社，形成利益共享、风险共担的利益联结机制，推进立体式复合型新

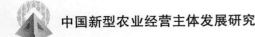

型农业经营体系的构建。二是要促进各类新型经营主体多形式、多样化发展。龙头企业要发挥在产业链条中的核心引领作用，不断延伸产业链条、扩展产业半径，带动产业链条由链状向网状转变，形成稳固、合理、优化的产业组织形态。三是实现产业集群集聚与深度融合。鼓励龙头企业形成"抱团发展"意识，充分发挥龙头企业集群集聚带来的规模效应，降低企业经营成本，增强企业市场地位，围绕优势主导产业，形成资源共享、优势互补的产业共同体，提升产业整体效益与竞争力。

2. 加强龙头企业创新驱动

龙头企业要始终把创新能力作为提升企业竞争力的关键要素，特别是在我国现代农业建设的关键时期，更要注重创新驱动的核心作用。一是实现由简单要素扩张向促进要素优化组合的方向转变。简单的要素扩张往往会带来资源浪费和效率低下，形成粗放型发展模式，不利于农业长期、稳定和可持续发展。要创新生产要素的作用形式，注重要素间的优化组合，发挥要素间的协同合作，实现企业生产要素的集约使用，提升企业管理能力现代化水平。二是实现从利用资源比较优势向培育综合竞争优势的方向转变。比较优势的核心是成本优势。在科技创新日新月异的今天，任何优势都有可能随时丧失。要培育企业的忧患意识，鼓励企业探索新的发展理念，促进企业更加重视对新品种、新技术、新工艺的研发和投入，努力实现绝对优势或核心优势的新突破，促进产品结构、要素结构和核心竞争优势同步升级，以此来提升企业的综合竞争优势。

3. 注重市场定位及开发

党的十八届三中全会提出了"使市场在资源配置中起决定性作用"的重要论断，未来我国市场经济体制改革将更加深入，"看不见的手"将全面渗透到农业产业的各个领域。作为市场经济主体，龙头企业必须更加注重市场变化，牢牢把握市场脉搏。一要加强市场研判。随着我国农产品市场开放程度越来越高，影响农产品价格的因素也从成本、需求等传统领域扩展到了资本投机、价格传导、气候变化等非传统领域，市场风险和不确定性因素越来越多，农产品价格波动频率和幅度也越来越大。这就客观上要求龙头企业加大对市场变化及其发展趋势的研判力度，形成科学决策，规避市场风险。二要主动适应市场变化。市场需求瞬息万变，龙头企业要准确进行市场定位，实现市场细分，运用差异化战略占领产品市场。要主动创新商业模式，充分利用信息、电子、互联网、直销、专供等营销手段，来引导和满足日益差异化、特色化的市场需求。三要不断拓展市场空间。龙头企业要准确把握国内外消费需求的发展趋势，积极开拓国内市场和国外新兴市场，拓展需求空间，规避市场风险，不把鸡蛋放在一个篮子里。要加大投入，加强标准化基地建设，严格投入品管理，强化质量检验检疫，开展产品质量认证，稳步推进品牌战略。

（三）促进龙头企业发展的政策取向

1. 建立龙头企业与农户利益联结分享机制

完善"龙头企业＋合作组织＋农户"的模式，在"互利互惠、利益共享、风险共担"的基础上，采取保底收购、股份分红、利润返还等方式，让农户分享加工销售收益，从而促进农民增收，稳定龙头企业与农户的关系。大力发展订单农业，规范合同内容和签订程序，明确权利责任。支持龙头企业与专业大户、家庭农场、合作社有效对接，鼓励龙头企业创办领办合作社，推进企业与合作社深度融合发展。鼓励农户、家庭农场、合作社以资金、技术等要素入股龙头企业，形成产权联合的利益共同体。

2. 出台扶持政策提高龙头企业收益能力

农业投资具有投资大、利润低、周期长的特点，单靠企业自身积累较难形成规模，因此国家应出台扶持政策，降低农业龙头企业运行成本，提高其收益能力。创建农业产业化示范基地，促进龙头企业集群发展。按照专业化分工的要求将上下游企业有机联接在一起，通过分工协作，降低企业成本，实现协同发展。在利税、收费、资金等方面进一步加大扶持力度，逐步扩大农产品加工增值税进项税额核定扣除试点行业范围，给予龙头企业税收优惠，缓解和减轻企业财务负担，提高其盈利水平。促进龙头企业加强与科研院所、大专院校及农业技术推广等机构的合作，实现产学研有机结合，提升企业竞争力。

3. 努力消除龙头企业发展所面临的要素制约

对于重点农业产业化项目给予贴息贷款，金融机构应适当降低授信门槛并在资金安排上优先考虑，在贷款期限、贷款利率上给予优惠。政府可成立农业投资公司和农业投资基金，为龙头企业提供直接投资、贷款担保、风险补偿、管理咨询等服务。建立健全多层次的资本市场体系，鼓励符合条件的龙头企业利用资本市场，通过上市、发行企业债券等方式募集发展资金，实现融资渠道多元化。土地管理部门在符合土地利用总体规划的前提下，对于龙头企业发展所需用地给予优先安排、审批。建立健全农村土地承包经营权流转市场，促进农村土地经营权的规范流通。建立健全主体多元的职业技术培训体系，提升农村劳动力素质，为龙头企业的发展提供智力支持。

第六章

农业社会化服务的特征、
　　问题及对策建议

一、我国农业社会化服务的产生和发展过程

农业社会化服务体系是指在家庭承包经营的基础上，为农业产前、产中、产后各个环节提供服务的各类机构和个人所形成的网络与组织系统，包括物资供应、生产服务、技术服务、信息服务、金融服务、保险服务，以及农产品的包装、运输、加工、贮藏、销售等内容（孔祥智等，2009）。现代农业的一个显著标志就是农业生产过程的社会化，即生产过程从一系列的个人行动变为一系列的社会行动，突出表现在农业社会化服务对农业生产过程的广泛参与。当前，我国已进入加快改造传统农业、走中国特色农业现代化道路的关键时期，构建新型农业社会化服务体系是一项重大而紧迫的战略任务。

"农业社会化服务"概念在我国的提出始于 20 世纪 80 年代初期，经过 30 多年的发展，农业社会化服务的概念不断清晰、内涵不断丰富，农业社会化服务体系建设也不断进步，层级设置更加完善、服务内容日渐丰富、机制模式不断创新。总体来看，自 20 世纪 80 年代初至今，我国农业社会化服务体系的发展经历了三个阶段。

1. 探索起步阶段（20 世纪 80 年代）

20 世纪 80 年代初，为发展农村商品生产，我国初步提出发展农村社会化服务体系的概念，并对其内容、要求和途径进行了探索，重点是利用原有组织资源，转换原有农业服务机构的职能，发展新的服务组织。

2. 大力推进阶段（20 世纪 90 年代）

20 世纪 90 年代，在不断稳定完善家庭联产承包责任制的情况下，为促进农业农村发展，明确提出了建立农业社会化服务体系的内容、形式以及发展原则和具体政策，农业社会化服务体系建设的重点是大力发展专业经济技术部门。

3. 改进完善阶段（21 世纪以来）

进入新世纪，农业社会化服务体系建设成为农村经济制度建设的重要组成部分，农业社会化服务体系建设的战略地位和目标进一步明确，农业社会化服务体系建设进入改革完善阶段，该阶段的重点是改革专业经济技术部门和扶持农民专业合作经济组织。

表 6 - 1　　　　促进农业社会化服务发展的主要政策措施

文件名称	主要内容
1983 年，《当前农村经济政策的若干问题》	合作经济要向广大农业生产者迫切需要的各项产前产后服务领域伸展
1984 年，《中共中央关于一九八四年农村工作的通知》	加强社会服务，促进农村商品生产的发展
1986 年，《中共中央、国务院关于一九八六年农村工作的部署》	农村商品生产的发展，要求生产服务社会化
1990 年，《中共中央、国务院关于一九九一年农业和农村工作的通知》	稳定完善以家庭联产承包为主的责任制，建立健全农业社会化服务体系
1991 年，《国务院关于加强农业社会化服务体系建设的通知》	对农业社会化服务体系建设作出了全面部署和安排
1998 年，《中共中央关于农业和农村工作若干重大问题的决定》	从现在起到 2010 年，建设有中国特色社会主义新农村的目标是：……基本建立以家庭承包经营为基础，以农业社会化服务体系、农产品市场体系和国家对农业的支持保护体系为支撑，适应发展社会主义市场经济要求的农村经济体制
2003 年，《中共中央关于完善社会主义市场经济体制若干问题的决定》	健全农业社会化服务体系；深化农业科技推广体制和供销社改革，形成社会力量广泛参与的农业社会化服务体系
2006 年，《中共中央、国务院关于推进社会主义新农村建设的若干意见》	提出培育农村新型社会化服务组织的新思路

文件名称	主要内容
2008 年，《中共中央关于推进农村改革发展若干重大问题的决定》	建立新型农业社会化服务体系；加快构建以公共服务机构为依托、合作经济组织为基础、龙头企业为骨干、其他社会力量为补充，公益性服务和经营性服务相结合、专项服务和综合服务相协调的新型农业社会化服务体系
2012 年，《中共中央、国务院关于加快发展现代农业进一步增强农村发展活力的若干意见》	构建农业社会化服务新机制，大力培育发展多元化服务主体；要坚持主体多元化、服务专业化、运行市场化的方向，充分发挥公共服务机构作用，加快构建公益性服务与经营性服务相结合、专项服务与综合服务相协调的新型农业社会化服务体系
2014 年，《关于全面深化农村改革加快推进农业现代化的若干意见》	健全农业社会化服务体系。稳定农业公共服务机构，健全经费保障、绩效考核激励机制。采取财政扶持、税费优惠、信贷支持等措施，大力发展主体多元、形式多样、竞争充分的社会化服务，推行合作式、订单式、托管式等服务模式，扩大农业生产全程社会化服务试点范围。通过政府购买服务等方式，支持具有资质的经营性服务组织从事农业公益性服务。扶持发展农民用水合作组织、防汛抗旱专业队、专业技术协会、农民经纪人队伍。完善农村基层气象防灾减灾组织体系，开展面向新型农业经营主体的直通式气象服务

资料来源：根据相关文件整理。

二、我国农业社会化服务发展的状况与特点

经过多年的改革发展，多元化的社会化服务体系在我国已经基本形成并初具规模，服务内容和功能日益完善。

（一）公益性农业社会化服务体系建设不断完善

我国公益性农业社会化服务主要由农业技术推广服务体系、动物疫病防控体系和农产品质量认证体系三部分组成。

在农业技术推广体系建设方面，我国通过加大投入力度，按照行政体系建立了从中央到地方的较为完善的农业技术推广体系。2012年国家安排乡镇农技推广机构条件建设项目中央投资38亿元，中央财政安排基层农业技术推广体系改革与建设专项补助26亿元。截至2012年底，农业部所属种植业、畜牧兽医、渔业、农机化四个系统，省、地、县、乡四级（以下简称四系统四级）共有编制内农技人员52.3万人，设立国家农技推广机构7.9万个，其中省级机构260个，地市级2 400多个，县级1.96万个，乡镇级5.68万个（包括区域站0.33万个），基本实现了西部地区乡镇农技推广机构条件建设"全覆盖"、中东部地区乡镇农技推广机构仪器设备"全覆盖"。从分布行业来看，种植业和畜牧兽医所占在全国独立设置的农技推广机构中所占比重最大，种植业占42.5%，畜牧兽医占37.3%，两者占总数的80%。农技推广机构的管理体制也逐渐理顺，截至2012年底，基层农技推广机构以"县管"、"县乡共管"为主，二者在总体中占比为64%。

在动物疫病防控体系建设方面，动物疫情防控体系逐步建立并日渐完善，从纵向看，防控体系主要包括中央—省—县—乡镇四级，其中，国家级动物疫病防控和技术支持体系以农业部兽医局、中国兽医药品监察所、中国动物疫病预防控制中心、中国动物卫生与流行病学中心及四个分中心为主体，全国大部分省份通过动物疫病防控体系改革，逐步建立了动物疫情防控体系并向基层延伸；从横向看，防控体系主要由疫病监测预警、预防控制、防疫检疫监督、兽药质量监察和残留监控、防疫技术支撑和物资保障六个相互作用、环环相扣的子系统组成，构成动物防疫体系的整体。法规体系和制度建设不断完善，2012年5月国务院发布了《国家中长期动物疫病防治规划（2012—2020年）》，这是新中国成立以来第一个指导全国动物疫病防治工作的综合性规划，标志着动物疫病防治工作进入了一个新阶段；国家启动了《动物检疫管理办法》等《动物防疫法》配套规章制度的修订工作，动物疫病防控的法规体系得到完善。截至2012年底，全国落实基层动物防疫工作补助经费7.8亿元，培训乡村兽医和村级防疫员共23万名。初步确认官方兽医101 369名，取得执业兽医师资格和执业助理兽医师资格的人数分别达到25 735人和27 108人。2012年全年全国产地检疫畜禽和屠宰检疫畜禽分别达到92.76亿头（只）和59.95亿头（只），较上年增长了11.1%和16.1%。

　　在农产品质量认证体系建设方面，基本形成了产品认证为重点、体系认证为补充的农产品质量认证体系。在产品认证方面，开展了无公害农产品认证、绿色食品认证和有机食品认证；在体系认证方面，开展了水产品企业HACCP认证和兽药GMP认证，已有数百个部级质检中心通过农业部授权认可和国家计量认证，全国31个省份依托现有部级质检中心建设或新建了省级农产品质检机构，20多个省份建立了地级农产品质量安全检验检测分中心。2012年中央投资15亿元，支持建设市县级检测机构494个，农业系统质检机构数量已达到2 235个，落实检测人员2.3万人，94%的涉农乡镇建立了监管服务机构。2012年8月，农业部发布了《农产品质量安全监测管理办法》，正式启动国家农产品质量安全监测信息平台，进一步完善了农产品质量安全监测制度。

表6-2　　　　　2012年全国各层级农技推广机构情况表　　单位：个、%

	机构数量	占总体比例	2012年比2011年	
			增减量	增减率
全国机构数量	79 011	100	-19 501	-19.80
省级	260	0.33	-88	-25.30
地级	2 416	3.06	-786	-24.50
县级	19 573	24.77	-2 935	-13.04
乡镇	56 762	71.84	-15 692	-21.66

资料来源：农业部科技教育司：《2012年全国基层农技推广体系发展情况分析报告》。

（二）经营性农业社会化服务组织初具规模

经营性社会化服务组织是社会化服务体系的重要组成部分，截至2012年底，我国共有各类农业产业化经营组织30.87万个，其中龙头企业11.83万家、中介组织17.44万个、专业市场1.60万个，比2011年分别增长了6.35%、10.17%和9.21%。龙头企业发展迅速，其所提供的农产品及加工制品占农产品市场供应量的1/3，占主要城市"菜篮子"产品供给的2/3。

全国各类产业化组织共带动1.18亿农户，农户参与产业化经营年户均增收2 803元。龙头企业涵盖农产品收购、流通、加工等产前、产中、产后各环节，通过积极为基地农户提供农资供应、技术指导培训、农机作业、疫病防治、产品收购、仓储运输、贷款担保、市场信息等服务，提高了农户生产经营水平。同时发展了"公司＋基地＋农户"、"公司＋合作社（协会）＋基地＋农户"、"公司＋政府机构＋基地＋农户"、"公司＋村委会＋基地＋农户"等多种模式①。

专栏 6 - 1

湖南安邦新农业科技股份有限公司

湖南安邦新农业科技股份有限公司原为单一的农资销售企业，在市场拓展中，公司发现大部分农民由于种田亏损而抛荒或粗放经营，公司的农资销售市场因而也日益缩小。为了保证市场，安邦从土地流转入手开始进入农业全程服务领域，探索规模化、专业化、标准化服务模式。

它的服务模式是一个复杂的系统工程，实行分层管理，专业分工、各负其责。安邦公司在县级设立了独立核算的县级子公司，每

---

① 周泽宇：《我国农业社会化服务组织现状及问题研究》，载《中国农技推广》，2014（1）。

个县按照基地规模有 10～20 个乡镇综合性农业服务中心。安邦公司拥有立体育秧工厂、智能配肥站、谷物烘干中心等，主要负责制定标准化生产技术方案、组织提供选种—育秧—机插—施配方肥—机耕—有害生物专业化防治—机收—谷物烘干的全套服务或点单服务，直接提供种苗、农药、测土配方肥、谷物烘晒和贷款担保等。县级子公司负责指导乡镇综合性农业服务中心，收集专业大户生产计划等信息，汇总报送全县生产计划及农资需求信息；牵头领办农机、优质稻、有害生物防治三个专业合作社，与合作社签订服务协议并根据服务量进行结算。乡镇综合性农业服务中心相当于服务客户的终端，负责收集分散农户的生产计划、种植品种及其育秧、农药、配方肥等需求信息，农机、统防统治、作业服务及农产品收购需求信息，用户对服务质量反馈信息，通过视频可针对农户需要联系农业专家进行生产技术指导。农机、有害生物防治合作社分别由农机手和机防手组成，按照与公司签订的服务协议在机耕、机插等主要生产环节开展连片作业服务。优质稻合作社由生产大户组成，负责土地流转、制定分片规划、与企业和农户双向经营结算。生产大户负责除外包服务环节外的基本田间管护，独立核算收益，一般种植面积在 200 亩左右。它以专业化服务公司为主导，既借助了公共服务机构在测土配方和病虫害测报方面技术力量，又发挥了专业合作社在劳动密集型服务上的优势，通过乡镇—县子公司—公司自下而上传输农资需求、作业服务需求、服务质量反馈等信息，再从上而下输送农资、作业服务，实现供需有效对接。

公司逐步推广这种新农业服务模式，实现了农户与公司共赢：由于实行专业化分工、全程农业机械化服务，降低了农民的劳动强度，将农民的耕作能力从 10 亩提高至 200～500 亩，种植大户可获 15 万元左右的年收入；采用测土配方施肥和有害生物专业化统防统治等先进技术，可提高肥料吸收利用率8%～10%，降低农药的使用量，从而节约了农业生产成本，进一步提高粮食种植效益，亩效益达300元。公司主要从农资生产销售、组织外包服务、谷物加工增值等环节获得收益，每亩服务套餐收益约为100元，点单20元至50元不等，规模越大，收益越多。

资料来源：禤燕庆、赵亮、姜玉桂：《经营性社会化服务模式比鉴与制约分析——关于湖南省经营性农业社会化服务情况的调研报告》，载《农村经营管理》，2013（4）：22～25。

（三）非营利性农业社会化服务组织基础作用日益显现

非营利性农业社会化服务主要由合作经济组织提供。其所提供的内部服务，是整个农业社会化服务体系的基础。通过参加合作经济组织，农户在保持自主经营和管理的基础上，提升了抵御市场风险的能力。目前，我国农业合作经济组织发展迅速，截至2013年12月底，全国登记注册的专业合作、股份合作等农民合作社达98.24万家，同比增长42.6%；农机合作社达到4.1万个，经营土地面积1.2亿亩，服务农户4 500多万户，完成作业服务总面积7.5亿亩，约占全国农机化作业总面积的13%；农民用水合作组织达到8.05万个，林业专业合作社达到4.16万家，供销合作社系统领办的合作社达9.3万家。① 合作经济组织的产业分布也非常广泛，涉及种养、加工和服务业，其中种植业约占45.9%，养殖业达27.7%，涵盖粮棉油、肉蛋奶、果蔬茶等主要产品生产，并逐步扩展到农机、植保、民间工艺、旅游休闲农业等多领域。

---

① 资料来源：农业部：《关于2013年农民合作社工作总结》。

三、农业社会化服务的基本特征与主要问题

（一）基本特征

1. 多主体参与的农业社会化服务体系基本形成

为促进生产力的发展，我国政府新中国成立初在中央到地方各级都设有农业技术服务中心和服务站，在村一级设有科技组与科技示范户。20世纪80年代初实行家庭联产承包责任后，村级集体组织开始负责为分散小农户经营提供诸如灌溉、机耕、机播、统一植保、水利、教育等统一服务，以有效降低小农的生产和经营成本，增加农户收益，使得村级集体与分散小农之间发展出一种扶助性的利益关系。但随着税费改革与乡镇体制改革的推进，供销社、农资、农机、农技、水利等国家经济技术部门在经历了机构精简与体制转换后，逐渐走向衰落，村集体组织的运转也变得日益困难，难以保障基本开支，大部分村级集体组织基本上无力为农户提供农业社会化服务。不少研究发现，税费改革后因农业服务缺失导致农民上访数量急剧增加。近年来，随着市场经济体制的不断完善，各类服务主体如龙头农业产业化龙头企业、农村专业合作组织、专业技术协会和其他社会服务组织不断发展壮大，到目前为止，在我国的农业社会化服务领域，逐渐形成了多主体共同参与的格局。

2. 农业社会化服务领域不断扩大

在发展现代农业的过程中，我国的农业社会化服务领域逐步由产中环节向产前和产后环节延伸，服务水平不断提高。在产前服务方面，各地区纷纷启动了信息入村工作，在当地建立起农业信息中心，为广大农户提供市场信息、技术指导、政策法律咨询等方面的服务；一些地区还在村一级建立便民服务中心与农业综合服务站，专门为农民提供优良种子种苗与农用生产资料，方便了农民的生产与生活。在产后服务方面，近年来在国家政策的支持与引导下，农业产业化龙头农业产业化龙头企

业不断发展壮大，成为农业产业化发展的重要基础；各种类型的农产品批发市场不断涌现，极大地拓展了农产品的流通渠道，促进了小生产与大市场的连接。在产中服务方面，基层农技推广机构在改革中不断发展完善，农村专业合作组织逐渐成为农户自我服务的重要载体，这两种力量共同推动农业科技推广服务朝纵深方向发展，服务环节由单纯的产中服务向涵盖产前、产中、产后环节的系列化服务延伸。农业社会化服务的范围逐渐由简单的种植与养殖业向农产品保鲜、加工、销售、农机服务、技能培训、劳动力转移等领域延伸，拓宽了农业社会服务产业化发展的道路，形成了多种形式、灵活多变的社会服务组织和服务模式。

3. 农业社会化服务组织发展较快

随着市场经济的发展，农业生产领域逐渐进入到社会化大生产过程之中，农业生产的社会化程度不断提高，农民对社会化服务的需求也在日益增加，在这种情况下，各类农业社会化服务组织呈现出蓬勃发展的局面。政府涉农服务机构的功能日渐完善，在一些地区建立起涵盖县级推广中心、乡镇技术推广服务站、村科技人员和村级科技示范户的四级农业技术推广网络，为农户生产提供专业技术服务。各种类型的农村社区互助服务组织也纷纷出现，如社区生产服务中心、农资服务站、便民超市、红白理事会、互助互济会等，为农民的生产生活带来了便利。另外，近年来农业产业化龙头企业在带动农户增收和服务农户方面成效显著，并在国家的高度重视和大力支持下得到了快速的发展。

4. 农业社会化服务模式不断创新

为满足农民日益增长的服务需求，各地积极推进农业社会化服务体系建设，因地制宜，不断创新，形成了多种行之有效的新型农业社会化服务模式。各地探索出了"公共服务机构＋农资农技服务企业＋农户"、"村集体经济组织＋社会化服务组织＋农户"、"农民专业合作组织＋社会化服务组织＋农户"、"农民专业协会＋农户＋基地"、"经营性服务公司＋农户＋基地"等形式多样的组织模式。

（二）主要问题

近年来，我国农业社会化服务组织取得了较快发展，形成了公益性服务机构、专业合作组织、农业龙头企业等主体参与的多元化格局，有力地推进了农业标准化的实施，但是仍然存在不足。

1. 公益性服务机构能力不断弱化

近年来在乡镇机构改革中，乡镇农技推广机构普遍存在"三弱"，即技术力量弱，表现为非专业技术人员占比较大，一线农技人员短缺，且缺乏继续教育的培训机制，截至2012年底，乡镇农技推广机构编制内人员学历仍以大中专为主，占比为66%，具有正副高级技术职称的人员仅占5.89%，且专业不对口现象广泛存在，从事渔业和农机化技术服务的人员有一半以上是非专业人员，乡镇级农技推广机构空编率较高，2012年底共缺编6.07万人，空编率达17.4%；服务手段弱，表现为各地区大部分乡镇农业服务机构缺少仪器设备，试验示范基地拥有量较少，2012年底乡级农技推广机构中只有28.7%的机构有自主产权的试验示范基地，工作条件较差，制约了农技推广机构服务职能的正常履行；服务功能弱，表现为这些机构要服从乡镇中心工作，部分农技推广机构工作过度行政化，将过多的人员和精力投入到政务性工作中，从而影响了本职工作的开展。

2. 经营性服务机构实力较弱

农民专业合作社、龙头企业、专业服务公司等经营性服务组织实力较弱，规范化程度不高、服务水平较低，规模偏小、科技创新水平不高，为农民提供标准化生产服务方面的能力比较弱。农民专业合作组织尚处于发展的初级阶段，仍存在发展不平衡、经营规模小、服务层次低、规范化程度不高、带动能力不强等问题。农业产业化龙头企业总体而言规模偏小、产品结构单一，龙头企业平均固定资产规模低于2 000万元；科技创新水平不高、市场开拓能力和抵御风险能力较弱，36.09%的龙头企业销售收入低于500万元，企业平均利润率为4.51%；

利益联结机制不完善、辐射带动能力不够强带有普遍性。[①]

3. 社会化服务水平有待提高

从服务内容上看，农业社会化服务主要集中于产前和产中环节，提供的服务较为单一，这与新型农业经营主体多样化、综合性的服务需求不相符合。根据 2012 年对陕西、河南、山东三地部分农户的一次实地调查，从事种养业的农户在产后环节的运输、存储、加工方面，分别只有 1.6%、1.6% 和 1.6% 获得了相关社会化服务。[②] 从服务能力上看，部分农业社会化服务组织服务能力非常有限。如专业合作组织在发展中普遍存在会员综合素质不高，周转资金困难，信息来源和传递渠道单一，主要依赖当地政府和农业部门提供，带动力也不强，能提供的高质量的服务比较少。从服务的体制机制上看，农业社会化服务体制与市场经济还不适应。我国的农业服务管理是计划经济时期沿袭下来的，带有一定的行政命令，往往以"一级抓一级，层层抓落实"的方式进行。服务的层面只停留在镇乡级上，服务指导的形式绝大多数是以会代指导的方式进行。农技人员真正到田间地头与农民接触的不多，农民得不到专业培训和技术指导。

4. 扶持政策力度有待加大

从政策保障看，由于缺乏相关扶持政策或政策落实不到位，农业社会化服务组织提供服务的深度和广度受到了较大的限制。在公益性农业社会化服务方面，基层农技推广机构经费不足。从总体上看，地方财政保障主要用于人员工资与机构日常运转支出，专门用于推广工作的经费严重不足，业务经费主要来源于中央和省级项目，且不同地区间经费保障差距明显。在经营性社会化服务方面，由于法律法规上规定的优惠政策（如用水用电用地政策）落实不到位，加大了农业龙头企业的经营

---

① 农业部经管司、经管总站研究小组：《构建新型农业社会化服务体系初探》，http://www.chinareform.org.cn/Economy/Agriculture/Practice/201301/t20130102_158383.htm，2013 - 01 - 02。

② 《以社会化服务促进农业标准化生产实证研究》。

压力，限制了农业社会化服务提供的幅度和力度。在非营利性社会化服务方面，由于财务制度不健全、缺乏透明度、缺少抵押、担保等，农民专业合作社融资和贷款困难重重，制约了其较好发展，从而限制了其为农民提供服务的能力。

四、促进农业社会化服务持续发展的对策与建议

按照"主体多元化、服务专业化、运行市场化"的方向，加快构建公益性服务与经营性服务相结合、专项服务与综合服务相协调的新型农业社会化服务体系。

（一）加强公益性服务组织建设，夯实农业社会化服务的基础支撑

公益性服务组织是农业社会化服务组织的核心力量，要加强基层公益性服务组织建设，着力构建促进现代农业发展的公共服务平台。建立健全农技推广政策与法规体系，完善各级政府对公益性农技推广工作的财政投入和条件保障机制，从根本上改变当前我国农技推广投入严重不足、条件严重落后的局面。在财政投入上，建立"地方养人、中央和省级养事"的农技推广投入机制。县级财政保障乡镇农技人员工资待遇，中央和省级财政承担乡镇农技推广工作经费的主要投入，保证乡镇农技人员能够切实履行农业技术推广、动植物疫病防控、农产品质量监管的职能。抓紧建立农技人员聘用制度，采取公开招聘、竞聘上岗、择优聘用等方式，选择有真才实学的专业技术人员进入农技推广队伍，规范人员上岗条件。全面推行以公益性服务人员包村联户（合作社、企业、基地等）为主要模式的工作责任制度，逐步形成服务人员抓示范户、示范户带动辐射户的公益性服务工作新机制，不断增强乡镇公共服务机构的服务能力。大力开展农技人员素质培训，以短期培训、继续教育、远程教育等多种方式，大力提升农技推广人员的自身素质。建立农技人员工作考评制度，实行县级业务主管部门、管理单位、服务对象三方共同考

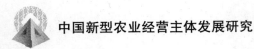

核，农技人员的工资报酬、晋职晋级、业务培训等与考评结果挂钩。加强乡镇推广机构业务用房建设，病虫害防控、投入品和农产品质量速测仪器设备的配备，交通工具配备，实现乡镇推广机构工作有场所、服务有手段、下乡有工具，切实增强服务能力。

（二）加快培育经营性服务组织，充分发挥骨干和生力军作用

经营性服务组织是农业社会化服务中的骨干，是推进农业标准化的重要力量。要按照支持鼓励与规范并举的原则，采取政府订购、定向委托、奖励补助、招投标等方式，引导农民合作社、专业服务公司、专业技术协会、农民经纪人、涉农企业等经营性服务组织参与公益性服务，大力开展病虫害统防统治、动物疫病防控、农田灌排、地膜覆盖和回收等生产性服务。

1. 规范发展各类农业专业合作经济组织

发挥资源优势，围绕支柱产业和主导产品组建各类专业合作经济组织。深入开展示范社建设行动，完善内部规章制度，建立信用管理制度，健全生产记录制度，加强标准化和品牌化建设，强化合作社人才培训，提高合作社规范化建设水平。

2. 做大做强农业产业化龙头企业

支持龙头企业通过兼并、重组、收购、控股等方式，组建大型企业集团；支持符合条件的国家重点龙头企业上市融资、发行债券、在境外发行股票并上市，打造龙头企业航母。依托国家农业产业化示范基地，大力推动龙头企业向示范基地集群集聚，加强示范基地基础设施建设，搭建技术创新、融资服务、品牌培育等平台建设，提升龙头企业的辐射带动能力。积极推动龙头企业与农户开展订单农业模式，探索龙头企业为农户提供农业保险和信贷担保，以农业产业化促进生产标准化。

3. 发展壮大村级集体经济组织

农村集体经济组织提供的内部服务，是整个农业社会化服务体系的基础。围绕赋予集体经济组织市场主体地位，明晰产权和集体经济组织

成员资格，积极引导村级组织围绕当地资源优势发展各类企业，发展壮大集体经济、增强集体经济组织服务功能。如组织农民统一购买良种、化肥、农药、农膜等生产资料，统一组织浇水、灭虫和户间互助，统一销售农副产品等等，充分发挥"统分结合"的双层经营体制中的统一经营职能。

4. 鼓励农民经纪人发展

农民经纪人等既是新型农业社会化服务体系的重要补充，又是农业技术推广和服务的生力军。有关部门要对农民经纪人加强教育培训，规范经纪行为，提高综合素质，使农民经纪人的队伍不断壮大。

（三）完善社会化服务支持政策，促进社会化服务组织可持续发展

加大对县、乡两级农业公共服务机构的支持力度，强化基础条件建设，加大对基层公益性农业服务、农技人员培训的资金支持。加强对经营性农业社会化服务组织在服务设施、服务队伍、服务活动上的支持力度，对于服务内容多、服务面广、与产业带内主导产业和农户连接紧密、服务效果好的给予优先扶持。针对农民合作社和农业龙头企业两大主体，要专门研究出台针对性政策，特别是融资政策。积极推进农村抵押担保方式创新，鼓励有条件的地区成立由政府出资、农业合作社和农业产业化龙头企业参股的担保基金或担保公司，扩大农村有效担保物范围和信贷供给，为农业龙头企业和合作社进行担保。通过专项资金、贷款贴息等形式加大对农民专业合作社和龙头企业的扶持力度。认真落实财政部、国家税务总局的有关规定，免征农民专业合作社在服务、经营、销售环节中的所得税、营业税、增值税。研究改进资金扶持范围和扶持方式，逐步将资金使用方式由无偿补助向以奖代补转变，体现扶优扶强原则，扶持一批优秀的合作社或龙头企业。放宽土地使用政策，对于规范化的农业社会化服务组织的建设用地优先考虑。农业社会化组织享受农业用电、"绿色通道"、免收工商管理费和人才培训费等政策。

第七章

美国农业经营主体的
发展及其启示

一、美国农业发展的概况

（一）美国农业发展的资源禀赋条件

美国地处北美大陆南部，北邻加拿大，东濒大西洋，西临太平洋，南接墨西哥和墨西哥湾。美国拥有国土面积 937 万平方公里，2012 年总人口为 3.13 亿人（见图 7－1），人均国民生产总值为 51 694 美元。美国的国土面积东西长 4 500 公里，南北宽 2 700 公里，海岸线长 22 680 公里。与世界上很多国家相比，美国拥有相对丰富的自然资源和良好的气候条件，因此其在发展农业方面有着得天独厚的条件。在水资源方面，美国拥有丰富的淡水资源，与加拿大交界处的五大湖举世闻名，该淡水湖的总面积为 24.5 平方公里，全国大部分地区雨量充沛且分布比较均匀，美国平均年降雨量为 760 毫米，土地、草原和森林资源的拥有量也均位于世界前列（见图 7－2）。在土地资源方面，美国耕地土质肥沃，海拔 500 米以下的平原占国土面积的 55%，这有利于农业的机械化和规模化经营。此外，美国还拥有永久性草地 2.4 亿公顷，森林

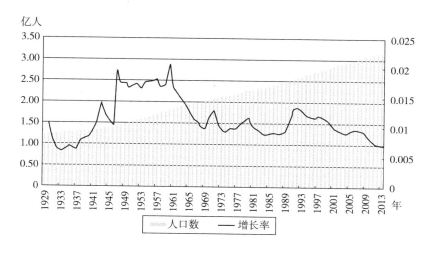

图 7－1　美国的人口规模

和林地 2.65 亿公顷。美国是世界上城市化程度最高的国家之一，农业人口在 1870 年为 52%，1910 年为 32%，2005 年下降到了 2%。美国农业资源结构的特征是人少地多，劳动力成本高且供给短缺。通过上述美国基本国情可以看出，美国在发展农业方面拥有十分优越的条件，这些良好的自然禀赋具体体现在以下三个方面。

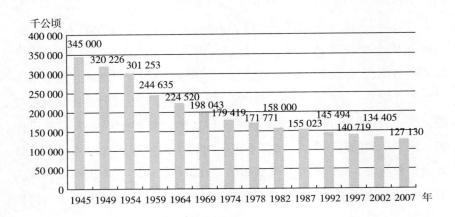

图 7-2 美国森林面积的变化

第一，美国土地资源非常丰富。美国的中部为平原，西部为山地，东部为阿巴拉契亚山脉。美国的耕地占全部土地面积的比重不高。1969 年按 50 个州计算占 21%，按 48 个州计算占 25%。虽然美国耕地的比重较小，但由于地广人稀，人均耕地面积达到 0.94 公顷。在空间分布上，美国的耕地主要分布在密西西比河流域的中央大平原，这里是肥沃的冲积土，非常适合农业的发展。从统计数据来看，美国耕地面积在 20 世纪 50 和 80 年代出现过下降，直到 2007 年美国耕地面积下降到 40 813.9 万亩（见图 7-3）。下降的原因一方面是美国农业结构的调整，为了保持生态平衡和资源的可持续发展，有意使一些土地休养生息；另一方面源于美国农业的高产出，为维持农产品的国际竞争力而有意降低耕地面积。

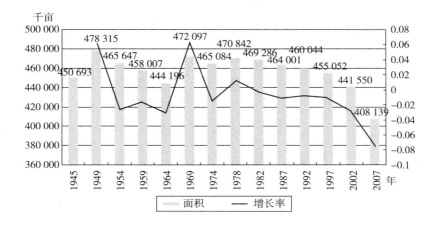

资料来源：http://www.usda.gov/wps/portal/usda/usdahome? navid = DATA_STATISTICS。

图 7 - 3　美国耕地面积的变化

第二，从气候方面来看，美国大部分地区属于温带性气候，全年无霜期较长，降雨量比较充沛。由于美国地域辽阔，各地的气候差异很大，全国主要有三大气候类型地区，即东部湿润区、西部干旱区和太平洋沿岸区。多样化的气候条件使得绝大多数农作物都可以在美国找到合适的种植区域，比如小麦、玉米、大豆和棉花等作物在美国都有大面积的种植，并形成了一些著名的产业带。但同时，美国也经常遭受一些自然灾害，比如飓风、地震、冰雹等也常给农业发展带来严重的负面影响。

第三，在水资源方面，美国水资源丰富。美国全年平均年降水量约为 760 毫米，河流年径流量总计 30 560 亿立方米，居世界第四，人均淡水资源 10 230 立方米（乐波，2007）。美国的通航河流与湖泊众多，与加拿大交界处的五大湖区的水面面积达 24.5 万平方公里，这是世界上最大的淡水湖区，各湖之间有河流相连，形成了便利的水运系统。其中的密西西比河流域面积占到美国国土面积的三分之一，这为流域内的农业发展带来了丰富的水资源和便利的运输条件，美国丰富的水资源为农业发展提供了优越的条件。

（二）美国主要农业产业带发展情况

美国在发展农业产业方面依靠其得天独厚的资源禀赋条件，并且十分重视科技在农业领域的积极应用和大力推广，这使得其农业一直都是国家的重要经济支柱，也成为美国工业发展的重要物质基础。随着工业化和信息化的发展，美国的农业在国民经济中的比重在逐渐下降，但由于政府对农业采取了支持和保护政策，使得美国的农业在世界上仍然具有很强的竞争力。美国农业发展至今，形成了几个相对集中且十分特色的农业产业带（见表7－1），这些产业带主要集中在中部平原、西海岸的加利福尼亚州和东南沿海地区，种植的农作物主要有小麦、玉米、水稻、大豆、花生、棉花、烟草、燕麦、马铃薯、甘蔗、甜菜和柑橘等，畜牧业则以养牛为主，其次是养殖和家禽。

表7－1　　　　　　　　不同作物的占地面积　　　　　单位：千亩

区域	农作物占地	闲置土地	畜牧草地
东北区	11 043	1 036	887
五大湖区	36 070	3 037	1 452
玉米作物带	82 698	4 642	3 677
北部平原区	84 459	8 913	4 316
阿巴拉契亚区	17 306	1 578	3 770
东南区	9 370	1 061	2 052
德尔塔三角区	15 160	930	2 140
南方平原区	30 684	5 553	10 718
蒙大拿区	30 724	7 432	5 088
沿太平洋区	17 377	2 875	1 858
总计	334 996	37 154	35 989

资料来源：http://www.usda.gov/wps/portal/usda/usdahome? navid＝DATA_ STATISTICS。

1. 东北部和"新英格兰"的牧草和乳牛带

这个农业带是指西弗吉尼亚以东共计 12 个州的区域。这个产业带的气候特点是降雨充沛，但是气温偏低，土壤也不够肥沃，不适合种植农作物，但是却比较适合青贮玉米和牧草的生长。此外，该地区居住人口密集，加上消费市场集中，交通运输便利，拥有美国工业最为集中的大城市群，因此这一产业带十分有利于奶牛业的发展。如今，美国奶牛总量的三分之一、牛奶和乳制品总量的二分之一来自于该产业带（戴孝悌，2012）。

2. 中北部玉米带

美国农业分区中所指的"中北部"是指五大湖区附近的八个州，也即东起俄亥俄州、密歇根州，西北到明尼苏达州，西南到密苏里州的一带区域。这里是美国最著名的作物生产带，也是世界上最大的玉米生产区，因此这一区域被称为"玉米带"。这一地区地势低平，土地比较肥沃，光、热、水等自然条件适宜，非常适合玉米的生长，而且交通运输条件十分便利。目前，这一产业带玉米的种植面积和产量都占到全国总量的80%以上。除了玉米，这一地区的小麦和大豆也有较大面积的种植，大豆农场约为全国总数的54%，大豆产量占全国的比重为60%左右。这一地区的玉米播种面积自1975年之后没有发生明显的变化，但是产量却比之前增加了四分之三，单产也从每公顷5 460公斤上升到8 830公斤，年产值超过220亿美元。

3. 中部平原小麦带

小麦产业带位于美国的中部和北部地区，这一地区从与加拿大接壤的北达科他州、蒙大拿州往南直到俄克拉何马州以及得克萨斯州的北部，共九个州。这一产业带的特点是地势比较平坦，土壤肥沃，被称为"大平原"。这个地区的小麦播种面积占全国的70%左右，但近年来其比重有所下降。这一地区由于冬季寒冷而漫长，只适合春小麦的生长，北达科他州及其邻近的三个州所产的硬粒红春小麦占全部小麦产量的24%。硬粒红冬小麦主产于堪萨斯州、俄克拉何马州和得克萨斯州的北部，占全部产量的41%。

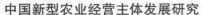

4. 南部棉花带

美国棉花产业带分为老棉花产业带和新棉花产业带。传统的老棉花产业带分布在东起大西洋沿岸，西至得克萨斯州东部，以及佛罗里达、密西西比和阿肯色等七个州的区域。这一区域的自然条件特别适宜种植棉花，第二次世界大战以后棉花生产区域逐步向西发展。这里的棉花带集中了美国大约三分之一的棉花农场，播种面积超过 160 万公顷，产量占全国的 36%。这一区域中棉花产量最大的州是得克萨斯州，其种植面积约 145 万公顷，占全国总面积的三分之一，产量占全国的 27%。美国的西南部的植棉业发展比较快，包括以"阳光地带"著称的加利福尼亚州和亚利桑那州的河谷地区，其产量占全国的五分之一左右。

5. 太平洋沿岸综合农业区

受太平洋暖流的影响，这一区域气候温和湿润，宜于多种农作物特别是温带水果和蔬菜的种植。北部的华盛顿州、俄勒冈州是最主要的小麦产地，约占全国小麦产量的 13%。加利福尼亚州是美国农业最发达的州，也是国家最大的"菜篮子"，该州为国家提供了 51% 的水果和干果，32% 的蔬菜，体现了其农业大州的地位。更为突出的是该州的种植业，种植面积占全国的 15.54%，名列全国第一。这个州的水稻生产也很重要，产量占全国的 18%，单产居美国首位，每公顷达到 8 940公斤。

正是由于美国的专业化生产和规模化经营，美国长期是世界上第一大农产品出口国，其 2011—2014 年的农产品出口额均超过 1 500 亿美元（见图 7 - 4），并有不断增加的趋势。美国农产品占世界的份额也相对较高，如大豆接近 50%，玉米接近 70%，棉花占 21.2%，小麦占11.6%，畜牧产品、烟草和水果等产品也都占有很大比重。美国粮食产量经常呈现较大幅度的波动。除了天气原因之外，主要受政府的调控政策和农产品进口国的需求变化的影响。2013 年美国粮食产量达到 4.32亿吨，人均占有量超过 1 000 公斤，这一水平在世界排名第一。

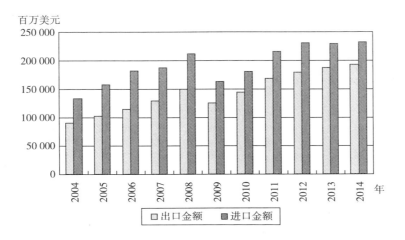

百万美元

资料来源：http://www.esa.doc.gov。

图 7－4　美国近 20 年来的农产品进出口金额

（三）美国农业发展的主要特征

美国是一个农业大国，农业历来是其基础性经济部门，直到 19 世纪 80 年代以前，农业在美国经济中还占有绝对的优势。目前，虽然美国是一个高度发达的资本主义国家，其在新科技革命中处于领先地位，但是农业在其国民经济中仍占有重要地位，农产品仍旧是美国重要的出口商品与外交武器。经过几个世纪的发展，美国农业已形成了高度的机械化、商品化、专业化的特点。根据 2013 年 1 月世界银行公布的数据，美国 GDP 总量是中国的 2.06 倍，人均 GDP 是中国的 8.88 倍，美国农业产值占 GDP 的 1.5%。美国农业之所以成功，除了具有得天独厚的农业资源、自然条件因素外，还与其资金投入和农业经营模式具有极大的关系（见表 7－2）。美国通过实施多种专业项目，比如出口强化项目、出口信贷项目和粮食进步项目等来增加农业的产出和市场能力。在经营模式方面，美国实行以家庭农场为主的农业经营方式，经过两个多世纪的发展，美国借助于完善的市场经济制度造就了一批极具竞争优势的家庭农场经营机制与生产方式，从而成为美国农业经久不衰的一个重要基础（杨为民，2013）。

表 7－2　　　　　美国农业部主要项目开支

单位：百万美元

项目	1998 年	1999 年	2000 年	2001 年	2002 年	2003 年	2004 年	2005 年	2006 年	2007 年	2008 年
出口强化项目	2	1	2	7	0	0	0	0	0	0	0
奶制品出口项目	110	145	78	8	55	55	3	0	0	0	0
市场进入项目	90	90	90	90	100	100	125	140	200	200	200
外国市场项目	0	28	28	28	34	34	34	34	34	34	34
出口信贷项目	4 037	3 045	3 082	3 227	3 383	3 223	3 716	2 625	1 363	1 445	3 115
粮食和平项目	1 138	1 808	1 293	1 086	1 270	1 960	1 809	2 115	1 829	1 787	2 327
粮食教育项目	—	—	—	—	—	100	50	90	97	99	99
粮食进步项目	111	101	108	104	126	137	138	122	131	147	155
总计	5 488	6 515	5 817	5 653	5 746	5 809	6 048	5 202	3 674	3 712	5 831

资料来源：美国农业部各年度《预算概要与年度工作安排》。

美国的农场规模很大，目前集中化的趋势仍在继续，这也就意味着农场数目将不断减少但经营规模不断扩大。在农场数目方面，20世纪30年代中期农场数目达到近700万个的高峰，之后农场数目一直在减少。目前，除规模超过1000英亩的农场和公司制的大型农场外，其他类型的农场数目都呈现出不断减少的趋势。在销售额方面，2002年占农场总数48.8%、销售额在5000美元以下的农场的销售额仅占总销售额的0.6%，而占农场总数1.4%、销售额在100万美元以上的农场的销售额占总销售额的47.6%。农业的集中化趋势需要更多的资金用在土地兼并与生产投资上，而且这也使农场主可能面临着更大的风险（夏显力等，2007）。总结美国农业的发展特点，可以归结为以下五个方面。

一是以高度商业化的家庭农场为基础。美国早在1826年就制定了农业发展的《宅地法》，这部法律成为了美国家庭农场的法律制度基础。1994年，美国约有204万个农场，其规模平均为193.4公顷；农业劳动力有252万人，占全国劳动力总数的2%。目前，"公司化的农场"数量有所增加，大约有7万个，这些农场无论是占有的耕地面积还是产品销售额都占据了较大的比重。由于美国的农业是高度商业化的农业，因此经营主体容易受市场供求关系的影响。目前，美国的粮食生产能力超过4.3亿吨，但由于生产过剩，政府不得不实行限产措施，近几年基本保持在4亿吨以上的规模。

二是实现规模化、机械化和专业化的农业生产经营方式。从当前农场规模和机械化水平来看，美国农场总数为超过200万个，农场的平均用地规模约为440英亩，其中2000英亩以上的大农场平均规模为6308英亩。从机械化水平来看，美国每100平方公里的机械数量从20世纪60年代就保持在250台以上，近些年由于农村规模日益变化，机械化数量有增加的趋势（见图7-5）。从农业产值来看，年产值在10万美元以下的小型农场占农场总数的85.0%，农业产值只占11.4%；年产值10万~50万美元的中型农场占农场总数的11.3%，农业产值占

26.9%；年产值在 50 万美元以上的大型农场虽然仅占农场总数的 3.3%，但其农业产值却占 61.9%，几乎 15% 的农场提供了近 90% 的农业产值，这说明美国农业的规模化水平很高。正是这样高度规模化、机械化和专业化的农业生产经营模式，使得美国的农业保持在高产出、高效率和高竞争力的发展水平上。

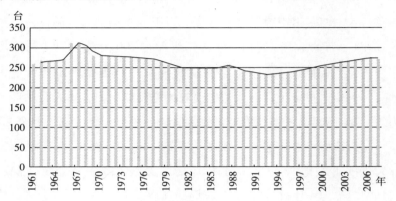

图 7-5　美国每 100 平方公里耕地的拖拉机数

三是农业的产销实现了"从田头到餐桌"的一体化。田头到餐桌一体化使得美国的生产者和消费者紧密的联合在一起，实现了顺利销售，也保障了食品质量安全。1991 年美国消费者在食品上的花费高达 4 860 亿美元，而农民所创造出来的价值只有 1 010 亿美元。美国的农业体系被称作"农工综合企业"（Agribusiness），在这个体系里就业的人数占全国劳动力的 17%，大大高于农业本身所能吸收的劳动力。如在食品的产销系统就包括农业投入物的供应，农产品的收购和加工、批发、零售以及机关单位食堂等，形成了一个完整的体系。

四是高度发达、有序的农村市场体系。美国农村市场体系十分发达，土地、资金等各类生产要素市场齐全。目前，美国已经建立了以农产品批发市场、交易期货市场、农产品集散中心、共同出售市场和集体零售市场等为主体的多个市场层次，发达的市场极大地加快了农产品的市场化进程。相较于其他市场，美国十分重视批发市场的建设，并把市场设施大型化、现代化作为现代农业发展的基础。为适应农业生产和消费者需求的变化，满足农产品流通对速度和效率的要求，美国政府在市场设施大型化、现代化上不断加大资金投入。在市场秩序管理方面，通过农业立法的方式对农村市场的设立、建立、组织、管理、运作都做了很严格详细的规定，成为市场管理和经营行为的准则，从而为建立有效的农村市场秩序奠定了基础。在市场主体方面，美国通过围绕农业支柱产业、特色产业，扶持、培育和建立各种专业生产者组织，加强信息引导，实现市场引导种植。

五是高效、多样化的农业发展保护政策。农业的弱质性（尤其是大宗农产品）是目前世界范围内的普遍问题，农业的持续发展除了调整产业结构、优化资金投入结构和提高科技水平之外，更需要国家的政策支持和保护。美国制定的农业政策，一方面满足了农业作为国家基础产业的要求，另一方面又提高了国际市场的竞争力（见表7－3）。如稻谷、小麦和棉花这些大宗农产品，如果按照严格的生产成本核算体系计算，农户基本上都处于亏损状态。美国农场主之所以能在大量亏损的状况下还能继续生产，主要原因是政府一直采取"工业反哺农业"的政策，如购销差价补贴、农产品支持价格补贴、农业投入品差价补贴、休耕补贴、农产品出口补贴和农产品储备补贴等（乐波，2007）。

表7－3　　2012年世界主要农业国家的出口量及市场占有率

单位：万吨、%

出口国	农产品	总产量	出口量	国际市场占有率
泰国	稻米	3 700	690	18.86
美国	小麦	6 170	2 992	21.79
美国	玉米	27 243	2 921	32.67
美国	大豆	256	3 660	37.01
美国	棉花	708	192	34.25
巴西	大豆油	8 260	172	20.4
中国	蔬菜	70 200	934	12.22

资料来源：http://www.usda.gov/wps/portal/usda/usdaho 和 http://www.esa.doc.gov/economic-indicators。

二、美国农业经营主体的产生与发展

（一）美国农业合作社的起源

美国的农业合作社是在市场经济的条件下，单个农民出于自身产销利益的考虑，自发组织起来的互助合作经济组织。美国合作社目前主要有四大类型，分别是生产、销售、购买供应和服务型合作社。农业合作社在美国的农村几乎无处不在，它们在促进美国农业经济增长、提高农民收入方面发挥了很大作用。一般而言，合作社的产生需要两个前提：一是商品经济的发展，二是独立经营者的广泛存在。美国的家庭农场不仅代表了农业生产部门的独立经营者，还在商品农业的发展中发挥重要作用。因此，家庭农场制度是农业合作社产生和发展的基础。正是家庭农场的商业化和专业化趋势共同推动了合作社的发展，导致美国的家庭农场不能像其他生产组织方式一样可以任意扩大。因此，在高度专业化和大循环的过程中，单个家庭农场同样存在小市场与大市场的衔接问题。除将农场主组织起来创办合作社外，再没有其他选择。在美国本土农业生产因素有了充分的刚性需求之后，农业合作社的萌芽与发展逐渐顺应历史潮流显现出来。

在美国，第一批正式的农业合作社产生于19世纪初。19世纪20年代，美国农业处于大萧条时期，拥有自己土地的农场主购买饲料变得相对困难，大的农业企业剥削农民。因此，农场主为了各自的发展，保护自己的利益和不受大企业的剥削，各种各样的合作社在这种情况下诞生了。美国历史上最早的农业合作社是由康涅狄格州奶牛养殖户于1810年组建的，其目的是进行加工和奶油销售。到了1931年，美国共有12 000个合作社，社员300多万人，平均每个合作社250名社员，社均年营业额20万美元。到1996年末，合作社总数减少到3 800多个，总资产达42亿美元，年利润23.7亿美元，平均每个社有社员1 030名，

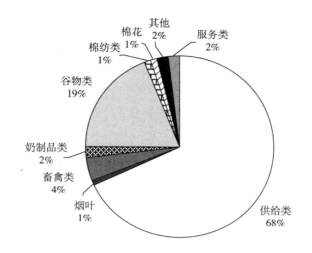

资料来源：Cooperatives Statistical，2012，http://www.rurdev.usda.gov。

图7-6 2012年美国合作类型占比

社均年营业额达到2 500万美元。社员人数在1956年达到最高值773万人之后不断减少，在20世纪80年代减少趋势更加明显，90年代中期减少到400万人左右。合作社通过减少数量，扩大规模，增强了实力，提高了市场竞争能力。目前美国农民参与合作社的程度比以往任何时候都要紧密和广泛，数量的减少并不意味着合作社的衰弱，而只是结构发生了改变，而且变得更强、更高效了。

表7-4 美国农业合作社分布

销售额（百万美元）	合作社		营业额		会员	
	数量（个）	比例（%）	总金额（10亿美元）	比例（%）	数量（千名）	比例（%）
<5	749	33.5	1.24	0.5	190	9
5~9.9	276	12.3	2.03	0.9	142	6.7
10~14.9	174	7.8	2.14	0.9	89	4.2
15~24.9	203	9.1	4.01	1.7	144	6.8
25~49.9	266	11.9	9.26	3.9	224	10.6

续表

销售额 （百万美元）	合作社		营业额		会员	
	数量 （个）	比例 （%）	总金额 （10亿美元）	比例 （%）	数量 （千名）	比例 （%）
50～99.9	197	8.8	13.76	5.9	186	8.8
100～199.9	128	5.7	17.85	7.6	179	8.5
200～499.9	138	6.2	32.61	13.9	325	15.4
500～999.9	76	3.4	28.96	12.3	159	7.5
1 000 以上	31	1.4	122.91	52.4	476	22.5
总计	2 238	100	234.77	100	2 113	100

资料来源：Cooperatives Statistical，2012，http://www.rurdev.usda.gov。

美国农业合作社因其自身政治环境复杂多变的影响，经历了不断的试验和改革才形成今天的局面。从整体上来看，影响美国合作社发展的因素主要有以下三个方面：一是经济因素，包括美洲大陆上爆发的战争、科技进步和在不同时期颁布的经济政策等；二是公共政策因素，这主要是指联邦政府、州政府在不同时期对于合作社发展的态度和颁布的相关扶持政策；三是合作社本身的因素，主要是指合作社本身的运营效率问题。这一系列的因素共同影响着美国农业合作社的发展轨迹，在多重力量的综合作用下才形成了今天稳定和高效的合作社发展模式。

（二）美国农业合作社的发展阶段及作用

美国农业合作社是其合作运动的重要组成部分，自从1810年在康涅狄格州建立了第一个奶酪合作社以来，在美国农村相继成立了其他类型的合作社。19世纪由于美国实施西部开发，土地大量开垦导致农产品过剩，这给农场主带来了不利影响，比如农产品价格下降，市场价差大，运费和利率偏高等问题，农场主开始组建营销合作社来应对这些问题。19世纪后期，美国成立了农业保护者协会来改善农业生产条件即格兰其，格兰其成立的主要宗旨是反对中间商的盘剥以保护农民利益，并将农场主和制造商、生产者和消费者直接联系起来。

20 世纪初，美国成立了全国农场主联盟，其通过向合作社提供技术援助，并游说州政府和联邦政府通过有利于合作社的法案，这一联盟成为促进合作社发展的重要力量，目前美国最大的现代农业合作社的成长就是这些组织努力的结果。1909 年，马萨诸塞州通过了第一个《信用合作社法案》，1916 年美国合作社联盟（CLUSA）成立，1922 年《凯伯—沃尔斯塔德法案》（Capper – Volstead Act）的通过，把合作社从《谢尔曼反托拉斯法》的限制中豁免出来，而按照反托拉斯法，农业合作社是违法的，因为农场主共同设定他们生产的农产品价格。

第二次世界大战后，合作社最显著的特点就是产品销量的增加以及农业部门对合作社依赖的增加。虽然合作社的整合使得较大规模的合作社数量变少。但随着经营规模的扩大，农业合作社成为更加广泛的加工增值企业。20 世纪 60 年代中期和 70 年代初期食品消费合作社兴起，这主要是由于消费者缺少购买天然和有机食品的途径所推动。虽然很多食品消费合作社最终失败，那些存活下来的合作社对有机和天然食品市场的增长和发展都产生了很大影响。合作社发展至今，已具备一定的数量与规模。2012 年全国共有 2 238 个农业合作社，平均每个合作社有 938 名会员，平均营业额约为 10 492 万美元（见表 7 – 5）。

表 7 – 5　　　　　　　　美国合作社近百年发展情况

年份	合作社数量（个）	会员数量（千名）	总营业额（百万美元）
1913	3 099	—	310.3
1915	5 424	651.2	653.8
1929	12 000	3 100	2 500
1940	10 600	3 400	2 280
1950	10 064	7 091.1	10 522.3
1960	9 163	7 202.9	16 194
1970	1 995	6 157.7	27 281.3
1980	6 293	5 378.9	92 519.5

续表

年份	合作社数量（个）	会员数量（千名）	总营业额（百万美元）
1990	4 663	4 119.3	92 667.4
2000	3 346	3 058.1	12.719.1
2009	2 389	2 200	170 200
2011	2 299	2 300	216 800
2012	2 238	2 100	234 800

资料来源：Cooperatives Statistical，2012，http://www.rurdev.usda.gov。

从表 7-5 可以看出，美国合作社数量与会员数量经历了不断增加，而后不断下降的过程，但营业额一直在上升，2012 年总营业额是 2 348 亿美元。从农业合作社的发展历程看，在美国经济大萧条阶段，合作社数量增长到历史的最高点，1929 年是 12 000 个；而从会员数量看，20 世纪 60 年代达到高峰，以后一直在不断减少，2012 年降至 210 万人。但平均单个合作社的营业额则不断上升，从 1913 年的 10 万美元，增长到 1960 年的 177 万美元，再到 2012 年的 10 492 万美元。

美国农业合作经济迄今已经有 200 多年的发展历史，从两个世纪的时间来看不同时期美国农业合作社的发展历程，可以将美国的农业合作社大致分为以下六个阶段：1810—1870 年，初创试验阶段。1810 年，在康涅狄格州高琛成立的乳品合作社和新泽西州南特瑞敦成立的奶酪合作社是美国最早成立的农业合作社。1870—1890 年，迅速发展阶段。格兰其和农场主联盟具有全国规模。1890—1920 年，发展完善阶段。该阶段开始形成全国网络阶段，各项制度逐步完善。全国农场主协会和美国公平合作社也是两个具有全国规模的农业合作社组织。1920—1933 年，转折发展阶段。1922 年联邦政府通过了《凯伯—沃尔斯塔德法案》，授予合作社不受反托拉斯法制约的权利，并且对合作社规模没有限制。1920 年成立了全国性组织美国农场局联盟，1933—1980 年为衰退调整阶段，这一时期农业合作社数量减少，但营业额和社员人数持续增加。1980 年至今，为新一代合作社发展阶段，本阶段农业合作社不断调整以适应迅速变化的社会，经济发展条件。

1. 初创试验阶段（1801—1870 年）

这是美国农业合作社的产生和初创阶段。独立战争之后，美国的国土面积不断向西扩展，由此带来的农田面积急剧扩大导致农场的数目也大幅度增加。与此同时，在工业革命中新兴的大批城市为农产品的销售开拓了广大的市场。不断繁荣的农产品加工业、快速的运输条件，以及私营经济组织的增多，都为农场生产提供了必不可少的服务。但由于这些私营组织单纯以盈利为目的，按照当时的市场交易条件往往对农场主不利，而相对独立和分散的农场主却又无能为力摆脱这种局面。此外，在一些没有私营服务组织的地区，农场主除了要进行生产获得，还要独自分担流通环节的销售、加工和运输获得，这些都给当时力量薄弱的农场主带来了较大的困难和不便。

在这种情况下，一些农场主开始尝试建立一种可以服务于自己的合作组织。在 1810 年，康涅狄格州成立了一个乳品合作社。这个合作社把该州临近的农场的奶牛集中到一个地方挤奶，然后由农场主的主人再将牛奶加工成奶酪，并进行商业性销售。到 1867 年，美国已有大约 400 个这样的乳品合作社。在家畜养殖方面，1820 年，在俄亥俄州成立了第一个生猪销售、屠宰和包装合作社。第一个果品销售合作社于 1867 年建立于新泽西州。在合作社的成立初期，没有一个州政府曾为它们提供保护或支持。在法律上，它们通常被视为合伙经营或公司。直到 1865 年，密歇根州才通过了一个认可合作社购、销方式的方案。从此，合作社开始引起一些地方政府的注意，一些州也曾通过立法活动对其进行规范。

2. 迅速发展阶段（1870—1890 年）

这一阶段是美国农业合作社大量涌现的时期，无论是数量还是影响力都在迅速扩大，代表性事件是这一时期格兰其和农场主联盟的成立。

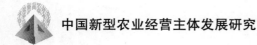

这两个组织大大推动了美国农业合作社的发展，起到了十分重要的作用。19 世纪后期，美国农业经历了一场以采用农业机械为标志的农业革命。这一期间，农业机器的发明和应用、科学耕种方法的推广，有力地推动了美国农业生产率的提高。之后，美国的农产品开始出现过剩并引发价格下跌，许多粮食的价格甚至跌到了生产成本以下。一些从事农产品加工和贸易的垄断企业和中间商趁机压价收购，但在生产资料方面却维持高价，这导致农场主苦不堪言。1865 年南北战争结束后，美国资本主义开始迅速发展，工业化进程对农业产生巨大冲击，以及许多农业制度的不完善，造成当时的农民面对着三大问题：重债务、高成本和低收益，这引起农民极大不满。

在此背景下，1867 年美国成立了农业保护者协会（Order of the Patrons of Husbandry），即格兰其（The National Grange）。农业保护者协会在建立之初类似于一个教育组织，其政治性并不强烈，目的主要是通过对农民进行宣传教育，促进其合作互助并通过社会改革来摆脱经济困境。随着运动的不断深入，这一组织渐渐变成一个全国性的从事政治活动的社团，开始通过法律与政治途径保护自己的权益。在同一历史时期，另一个最重要的农业合作社组织是农场主联盟。该联盟于 1875 年成立于得克萨斯州，其主要职能在于为农场主谋求经济利益，着手从事农产品销售和农用品供应。1886 年，农场主联盟召开全国大会，提出降低铁路运费、增加货币发行量等要求，并主张扩大合作社的法律权利。从此，合作社开始介入政治领域。期间，在格兰其和农场主联盟的共同推动下，合作社有了巨大的发展。

3. 发展完善阶段（1890—1920 年）

这是合作社进一步发展的阶段，开始形成全国性网络的重要历史时期。到这一时期结束时，几乎所有的州都建立了地方性合作社组织，合作社的数目达到 1.4 万个。其中，销售合作社的数目达到历史上的顶点，超过 1.2 万个。就全国性合作社组织而言，继农场主联盟之后，全国农场主协会开始兴起。为了大力倡导和推动全国合作社运动，这个组织于 1902 年在得克萨斯州成立，随后其活动范围逐渐扩大到十几个州。

在此期间，另一个全国性农场主组织是美国公平合作社。1902 年，美国公平合作社成立于印第安纳州。这个组织虽然在成员数量上没有超过格兰其、农场主联盟和全国农场主协会以及后来在 1920 年成立的美国农场局联盟的规模，但也是一个具有重要影响的合作社组织，其以公平精神为指导的许多合作社组织至今仍然非常活跃。1934 年，美国公平合作社与全国农场主协会合并。到 1920 年，农业合作社已形成全国性的网络，对农场主来说，合作社组织不仅提供了必要的服务，而且在一定程度上改变了他们对农产品和农用品价格毫无发言权的状况。

4. 转折发展阶段（1920—1933 年）

这一阶段是美国农业合作社进入"有秩序的农产品销售"时期。这一时期，美国对农民专业合作社事务的注意和支持都达到了高峰。这一期间，受农业萧条的影响，许多农场宣告破产，一些农业合作社也难以为继。但为应付农业萧条，政府和民间却对合作社经济表现出空前的热情，从而给合作社的发展注入了一个重要的历史契机。这个阶段的一个重要事件是美国农场局联盟的建立，这是继格兰其、农场主联盟、全国农场主协会和美国公平合作社之后的又一个最重要的全国性合作社组织。

1920 年，各州农场局正式联盟成立了全国性组织——美国农场局联盟。美国农场局联盟倡导兴办集中大规模的销售合作社，到 1921 年初，该联盟成立了全国性的谷物合作销售组织，大幅度扩大合作社在农产品市场中的份额，但是这一计划最后未能实现。主要原因在于，到了后期美国农业合作社的主要领导一味追求合作社的规模，由于摊子铺的太大，各方面的工作也都跟不上，最终美国农场局联盟不得不解体。总之，在 1920—1933 年这一巨大的历史发展阶段深深的载入了美国合作社运动史。美国农业衰退、美国农业合作社立法、农业合作社理论的深化，大大推动了合作社运动的发展。各类合作社组织兴起、衰落、改组、发展的历史表明，合作社的原则、结构和目标必须切合实际，才会富有生命力。

5. 衰退调整阶段（1933—1980 年）

这一时期美国经历了从经济大衰退到复苏、新农业计划、第二次世界大战等重大事件。在多种因素的共同作用下，虽然美国农业合作社的数量相比前一阶段减少，但营业额和社员人数却持续增加。合作社经营的商业性原则逐渐得到普遍承认。同时，还出现了组织多层次合作社联盟、提供更广泛服务的趋势。这一时期开始的标志性的时间是，1933年美国国会通过了《农场信贷法》，联邦政府依照这个法律在全国建立了 12 个地区性合作社银行和一个中央银行，由它们向农场主合作社提供贷款。在这一阶段时期，为了在竞争中求生存、求发展，农业合作社必须提高相应的经营管理水平。同时，在这一阶段美国农业合作社的培训和刺激机制也逐步建立和完善起来。尤其是大型合作社的会计、审计制度逐步建立和健全起来，这些都明显完善了美国农业合作社的正规化经营。

6. 新一代合作社发展阶段（1980 年至今）

本阶段是美国农业合作社不断调整以适应迅速变化的社会、经济发展条件的时期。第二次世界大战后，美国经济有了前所未有的发展，技术水平、企业组织结构以及世界经济形势和国际格局都发生了极大变化。20 世纪 70 年代，美国农业出现了历史上第二个"黄金时期"，继而在 80 年代又陷入了萧条时期。为适应新的形势与解决农业面临的新问题，农业合作社不得不进行调整和变革，加强了垂直一体化发展。随着商品农业的进一步发展以及合作社规模的扩大与经济实力的增强，从事有垂直联系的一系列经营活动的合作社越来越多。在由加工到销售这个有机链条中，处在不同环节的合作社往往处于一个统一的经营管理中心指挥之下。

与以前不同的是，在本阶段农业合作社在各个环节上都加强了进一步的合同、合作关系，即用合同把生产、财务、加工、销售与经营管理等环节连接起来。合作社的发展是与合并扩大规模同步进行的。许多小合作社通过合并成为了大合作社。结果，在合作社平均营业额大大增加的同时，合作社的数目却明显下降。这清晰地表明美国农民专业合作社正在转向质量型、内涵式的发展轨道。

三、美国农业经营主体的组织特性与发展趋势

（一）美国农业产业化经营的组织形式

美国农业产业化经营的主要组织形式有为农场主提供生产资料服务的各类工业企业、按合同制组成的联合企业以及由农场主联合投资兴办的供应生产资料和销售农产品的合作社三种形式。

1. 为农场主提供生产资料服务的各类工业企业

这些企业是完全的垂直一体化联合企业，它们一般都是由工商资本或金融资本直接投资兴办的规模较大的产供销一条龙、工厂式的农业企业，这种类型的企业虽然产生的历史并不是很长，但是其行为活动却对美国的农业发展起到了重大作用。比如美国的农业机械制造业是实现农业产业化、集中化、专业化和最终实现农业现代化的基础，尽管这些企业的数量并不是很多，但其资本集中垄断程度却相当高。这些企业大多拥有自己庞大的销售集团和网络，美国大部分的农产品销售由这些大企业垄断经营，甚至一些公司直接与农场主签订生产供应合同，直接参与研究和开发、推广农业新技术。又如化肥生产部门，其一体化可分为三种，一是化肥生产部门内部的横向一体化；二是农场主合作社向零售、批发和生产部门的"逆向"渗透，这种"逆向"一体化的销售量约占出售给农业部门化肥总量的30%；三是专营施肥的公司，它们独立经营，按土地肥力状况配方制备肥料给农

场施肥。这些大公司有的同工业部门、有的同农场主合作社实行一体化经营。

2. 按合同制组成的联合企业

这些企业没有实行完全的垂直一体化，其实质上是合同经营。这种联合企业一般是由工商公司与农场主签订协作合同，将供销联合为一个有机体，这种组织形式大多分布在养禽、牛奶和果蔬等农产品生产加工部门，与这些产品的生产特点有关，由于这些产品需要及时进行分割、加工、冷藏与销售，因此没有整体的合作和联合是很难发展起来的。这种一体化发展较快的行业是蔬菜水果类的生产和加工，由于果蔬等产品易腐且不便运输，因此其需要快速向市场供货才能保证消费者对这类产品新鲜和质量的要求。目前，全美有将近60%的蔬菜农场都通过某种协议与预购单位建立联系，大约30%的果木农场都实行了合同制经营。

3. 由农场主联合投资兴办的供应生产资料和销售农产品的合作社

这种组织形式是由生产同类产品的各农场主在自愿互利的基础上，共同投资兴办的合作社。这种农业经营组织形式一般很少有农业以外的资本加入，合作社的成员主要是各个农场主，农场主以股份的形式入社，加工、销售和管理等方面的事务主要通过聘请专业人员从事上述活动。这种合作社的具体组织方法是：合作社的每个农场主（社员）都与合作社签订合同，合同期一般为三年。在合同中明确规定各种入社条件和彼此承担的责、权、利以及交易产品的品种、数量、质量、供货期限和交易地点等内容，合作社的开支从农场主年纯利中提取。如果农场主达不到关于产品质量的规定或其他要求，则合作社可提前解除与其订立的合同以确保合作社能够销售符合合同规定的产品。此外，合作社还经常向农场主提供农业技术咨询、市场信息、贷款申请和开展生产经营等服务。这种合作社的联合体形式在美国的农业产业化经营中的作用日益突出，已经成为美国农业产业化进程的重要保障（江丽海，2001）。

（二）不同经营主体的组织特性与发展状态

1. 美国家庭农场发展特性与状态

家庭农场本义是指由家庭拥有并运作的农场。美国农业部为了便于农场贷款管理而对家庭农场进行了官方的界定，家庭农场要具有以下五个方面的条件：一是生产并出售大量的农产品；二是生产收入（包括非农工作）能够满足家庭生活以及农场正常运转，能够偿还债务和维持财产；三是农场由经营者管理；四是由经营者及其家庭提供实质性的劳动；五是在农业生产高峰期可以使用季节性的雇用劳力或者合理数量的专职劳力。

从家庭农场规模来看，美国农场可以分为小型家庭农场和大型家庭农场。这是依据 2010 年美国农业部门的划分标准，其分类的主要依据是：农场每年的总收入、经营者的主要工作（或职业）以及农场的家庭或非家庭所有权等。一般而言，美国农业部门通常考量的农场是在一年当中生产和销售农产品达到 1 000 美元以上的农场，这些农场主要涉及农作物面积和家畜头数。小型家庭农场主要是指销售额小于 25 万美元，而大型家庭农场是指销售规模在 25 万美元以上。大型农场可以进一步划分为大型和超大型两类，前者销售总额在 25 万～50 万美元（不含 50 万美元），后者的销售总额要求超过 50 万美元。

从不同规模农场资产、产量与收益来看，88% 的家庭农场属于小型农场，这些农场占了农场资产总量的 64%，其中包括 63% 的土地归农场所有，而大型家庭农场和非家庭农场占了农产品产量的 84%，其中大型家庭农场约占 58%。不同规模的家庭农场占农场总量的 98% 和产量的 82%。可见，美国家庭农场已经成为美国农业的生产主体。从收益角度看，大多数小型家庭农场更倾向于负利润率，2007 年占到了 45%～75%，但每个小型农场群中的 17%～32% 仍然有至少 20% 的收益率。对于大型家庭农场而言，利润率比较高，因其具有产量的规模效益。由于美国的农场数量在下降，其农业增加值占 GDP 的比重一直呈现出下降趋势，但由于规模不断扩大，技术推广应用广泛，其人均农业增加值是不断增加的（见图7-7）。

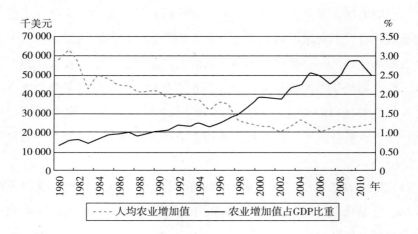

图7-7　美国农业收益与人均农业增加值变化

从农场经营者结构来看，主要涉及两个方面：一是多人经营者农场，亦即经营者不止一个；另一个是多代人经营者农场，亦即最年轻经营者与最年长经营者的年龄跨度至少20年，这种情况在大规模家庭农场和非家庭农场中比较普遍，年轻的农场经营者周而复始的交替可能决定着农场的拓展或紧缩。从年龄结构来看，农场最主要经营者（对农场运作负主要责任）最突出的特征是年龄偏大，其中年龄在65岁以上的占28%，在退休农场中这一比例更是高达73%，其次是低销售农场，老年经营者比例为33%，在大规模农场中，这一比例占到百分之十几，而在非农企业自主经营者中这一比例不到十分之一。造成这一现状的原因是，农场对于大多数农场主来讲就是家，他们可以按部就班地安排农事。

从农场的农户收入来看，在农场和非农经营家庭收入统一考虑的情况下，大多数农场的家庭收入可以达到美国家庭收入的中等或以上水平，只有退休农场和低销售农场这两类较低。以2007年为例，中等销售的农场收入为29 018美元，占其家庭总收入的38.09%；大型家庭农场的农场收入为 63 027 美元，占其家庭总收入的 57.49%；超大型家庭农场的农场收入为 226 490 美元，占其家庭总收入的 84.44%。所有的家庭农场平均收入为 11 733 美元，占其家庭平均总收入的 13.2%（杨为民，2013）。可见，家庭农场的规模经济特征是十分突出的。

2. 美国公司化农场的发展趋势及比较优势

美国农业经营主体当中，除了家庭农场之外，还有一种重要的主体就是公司式农场。公司式农场是一种比家庭农场更专业化、市场化的农业经营主体。具体而言，其特点主要表现在以下四个方面。

首先，公司农场的平均土地规模较大。迄今为止，在美国农场的数量结构中，家庭农场仍占绝对主导的地位，公司农场的数量及其占农场总数的比重，与家庭农场差距较大。但是其平均土地经营规模明显大于家庭农场。在 2007 年，美国农场的平均规模为 418 英亩，其中家庭农场和公司农场的平均规模分别为 301 英亩和 1 304 英亩，人均耕地面积保持在 0.6 公顷左右（见图 7 - 8）。尽管在不同土地规模分组的农场中，家庭农场都占绝对主导地位，但随着农场土地经营规模的扩大，家庭农场数的占比却呈下降趋势。

图 7 - 8　美国耕地面积及人均耕地情况

其次，公司农场主要经营者的专业化程度比家庭农场高。与我国有些类似的是，美国的一些农场为了增加收入也出现了一些兼业化的趋势，这在家庭农场中的表现最为突出，近些年美国农场主要经营者的主职业发生的变化表明了这一现象。通过对这些年美国农场主要经营者的非农占比情况可以发现，无论是公司农场还是家庭农场，其经营者的非农化比重都有所提高。但是，就经营者的专业化程度而言，美国的公司农场仍然是高于家庭农场和其他类型的农场。由于公司农场普遍规模较大，因此公司农场的主要经营者普遍将农业收入作为其主要收入来源（姜长云、张立冬，2014）。

再次，公司农场的集约化程度明显高于家庭农场。公司化农场的单位土地面积不仅产出效率较高而且增长速度较快，这些农场所拥有的土地和地方附属物的市场价值也是高于家庭农场的。此外，公司农场占美国全部农场农产品的销售额和农场净现金收入的比重，均明显大于其占美国全部农场土地面积的比重；家庭农场的情况正好相反。这就意味着，平均而言，美国公司农场的土地经营效率明显高于家庭农场。

最后，公司农场的主要经营领域较为集中。在农业经营领域方面，这些公司化农场一般倾向于选择附加价值较高的产业领域，这些领域一般更能实行专业化经营和精细化管理，能够为公司化农场带来更多经济收益。这些高附加值的农业经营领域主要涉及两类，一类是水产品类，另一类是花卉园艺类。选择这些领域进行经营，凭借着这些公司化农场所拥有的资金和技术优势，可以将经营的风险尽可能地降低，预期收益尽可能地提高。

3. 美国农业合作社的发展趋势

在美国的农业经济中，农业合作组织十分发达，并在农业经济活动中发挥着重要的作用。一些美国学者甚至认为，农业合作社的建立与发展，开创了美国农业发展史上的新篇章。成立农业合作社最主要的目的在于帮助农民降低生产成本和解决农产品销售问题，提高农民的收入。

20世纪90年代以来，美国农业合作社发展呈现出两种趋势：一是传统农业合作社通过退出、重组和转移正在适应财产方面的限制；二是

90 年代之后兴起的新一代"萨皮鲁型"合作社的诞生。美国新一代农业合作社是以增加产品附加值为主要经营目的的自发性经济组织，其通过对农产品进行深加工来增加其附加值，从而实现增加生产者利润的初衷。上述两种类型的合作社正在日益占据着美国农业合作社的主干力量。其发展趋势体现在以下四个方面。

一是社会职能日益突出，政治职能逐渐加强。美国农业合作社经过这么多年的发展，其在功能逐渐完善的同时，服务的内容也在不断丰富，特别是其社会职能和政治职能在不断扩大。比如，合作社不仅在经济领域为农民提供生产流通等服务，还主动从事社会发展以及政治等方面的服务，以有效维护农民的利益。

二是经营机制逐步完善，组织体系不断开放。第二次世界大战之后，伴随着激烈的市场竞争，美国的合作社为了自身的生存和发展，其逐渐变革自身组织和经营制度以更好地发展，比如引入股份制，形成股份合作社，向社会发行股票。同时，合作社内部实行董事会或理事会领导下的企业家或专家负责制，开展日常经营业务活动。

三是农业合作社之间持续的重组与并购。美国农业合作社总是处于不断的重组与并购过程中。重组与并购是农业合作社所面临的环境变化与竞争加剧的结果，其出发点在于使合作社获得更高的效率水平，从而能与具有规模和资源优势的其他企业开展竞争。美国农业合作社进行重组与并购的原因主要包括：减少管理成本、获得市场进入机会、获得范围经济和规模经济、获得更多的附加值和减少资金限制。

四是农业产业化纵向垂直联合进一步加强。从美国农业合作社重组的主要趋势来看，主要是进行横向联合与纵向联合两个方面。横向联合是指经营相同或相似的产品及服务，或者同样的惠顾成员的合作社或其他组织形式之间进行联合，以减少成本及扩大规模；而纵向联合是在同种产品供应链上不同生产阶段企业之间进行联合经营，比如加工企业和营销企业的联合。随着传统农业向契约农业的转变，迎合消费者的需求，保持稳定的渠道及获得更多农产品附加值成为合作社新的经营战略，在不同生产阶段和不同产品之间的垂直整合将会更加频繁。

四、发展面临的形势、问题和挑战

农业合作社在美国农村几乎无处不在，它们在促进美国农业经济增长、提高农民收入方面发挥了很大的作用。但是经济自由化、农产品需求市场的变化以及合作社自身体制和管理上的原因，使得美国农业合作社在目前发展过程中遇到了一系列的问题，突出表现在以下五个方面。

第一，农业生产技术变革及农业工业化进程加速提高了合作社的市场风险。以生物技术为基础的创新促进了新产品的产生和新技术的应用，但是生物技术的发展使农户和合作社所面临的资金风险加大，导致了更高的工业化集中度和农业技术相关领域的垂直整合，在这个供应链中农业生产部分变得不再重要，农业合作社将面临着更多来自其他市场主体的竞争。除了农业本身技术发展之外，还包括农业服务技术的发展，如农产品加工、储存、运输及信息技术的发展，使农产品能够满足消费者的多样化的需要，方便快捷地提供消费者所需要的产品。服务技术的变革使传统农业合作社的存货管理、销售方式等发生了变化，也促进了农业组织形式的变革。

第二，消费者消费方式多样化趋势日益增强。随着经济社会的发展，消费者的消费方式和消费理念不断发生变化从而不断影响着产业链上游供应商和生产商的经营模式。此外，以消费者为中心的零售端也鼓励供应商组成纵向和横向联盟以减少成本，确保产品质量和稳定供货来源。已有的以商品经营为驱动的农业合作社正在转向以消费者驱动为特征，农业合作社在经营方式和经营产品上开始明显地适应这种趋势的变化，追求产品差异化和品牌化。要保持消费者对产品的忠诚度，展开消费行为研究、开发新颖的包装和新产品、加大广告投放等都需要大量资金，这些资金需求对传统的合作社融资模式提出了挑战，迫使农业合作社探索新的筹资方式去解决上述问题。

第三，合作社面临成本下降和成员减少的困难。随着美国农业科技的推广使用和不断更新，其国内的农产品供应量不断增加，与此同时，来自贸易便利的大量物美价廉的商品不断进口到国内。这两方面因素导致美国农产品过量供应、农产品价格发生持续下降。更为严重的是，这一时期美国农业合作社的运行成本和农民的农业生产成本则不断上涨。其原因是，合作社雇用的劳动力成本有所提高，加上合作社为社员购买保险而带来的保险投入的增加等，这些都大大提高了合作社的运营成本；在农业生产方面，由于肥料等基本生产资料价格和劳动力成本的上涨，一部分农民放弃了农业生产而转向其他利润更高的非农产业，这导致从事农业生产的农民数量下降，社员数也随之下降。

第四，合作社的运行机制不适应农业经济新形势。20 世纪末期，美国的农产品市场需求和生产组织形式发生了巨大的变化。同时农业生产组织方式也发生了很大变化，特别是在农产品的生产、加工与销售方面纵向一体化进程的速度明显加快，农业生产对资金的需求日益增大，由此准确快速地把握市场信息对合作社就显得十分重要（郭红东、钱崔红，2004）。这种变化使得农村市场上的贸易不再依赖于传统的市场，而是更多地趋向于企业的一体化进程，即越来越多的产品交易通过合同或者公司的内部交换来完成。

第五，维持美国农业发展的代价过高且有局限性。美国为维持农业发展及产品竞争力的代价非常高，自进入 20 世纪 80 年代以来，仅仅是农产品价格支持政策一项，政府每年的开支就高达百亿美元。随着生产技术的发展和生产水平的提高，每年停耕的土地不断增加。但是这种政策的收效甚微，不仅没能有效减轻过剩的农产品压力，也由于政府分配不合理导致很多中小农场主所得补贴微乎其微。现行的农业政策将农产品的价格维持在偏好的水平上，很大程度上阻碍了农业生产效率的进一步提高（李晓俐，2008）。一般而言，在没有政府干预的情况下，农产品价格下跌可以激励农业企业采用先进的设备和改善经营管理，从而使农场主获得相应利润。但是由于获得了大量的政府补贴，反而使一些生产效益较高的大农场没有动力进行生产投资，不采用最新技术和提高经济效益，使美国国内的农产品价格接近甚至超过世界市场价格水平，从而大大削弱了美国农产品在国际市场上的竞争能力。

五、结论和建议

（一）完善法律与扶持政策，为农业合作社发展创造良好的制度环境

美国为了扶持合作社的发展完善，因时因地制定了有关的法律及支持措施，奠定了合作社发展的制度基础，为合作社的发展创造了良好的外部环境。目前，我国虽然非常重视农民专业合作社的发展，但仍需要进一步完善合作的法律体系，为其健康发展创造制度条件。发展农村合作经济组织需要政府的支持和立法保护，这是农民合作经济组织发展不可缺少的外部条件。

美国的农业合作经济组织都是在本国政府直接或间接的帮助下构建和完善起来的，政府的政策支持尤其是立法保护对农民合作经济组织的发展起了巨大的促进作用。我国农村合作经济组织是由在市场经济中处于弱势的社员组成的，面临经营规模小，经济实力弱的问题，在经济活动中常常处于弱势地位。在市场交易的等价沟通过程中，往往缺少足够的发言权，处于被支配和剥夺的地位。因此，必须通过法律规范的形式，明确国家对农村合作经济组织的鼓励和支持，以有利于农村合作经济组织以及农村合作经济组织所处的特定行业或区域经济的发展。在政策方面，要明确各类合作社的性质，将税收优惠细化和具体化，大力鼓励教育、科研、推广机构积极参与合作社的建设，为合作社发展提供技术、信息等方面的支持。

（二）把握我国农业发展趋势，积极推动农业合作组织发展

国外农村合作经济组织的发展经历了长久的历程，创造了丰富的成果和经验，作为最大的发展中国家，我国在发展农民合作经济组织的过程中，应当认真研究和借鉴国外的有益经验，积极推动我国农村合作经济组织的发展。美国的发展经验表明，专业合作组织是促进农业技术推广、保障政策落实的有效组织载体，不仅可以提高农民市场组织化程度，增强自我服务水平，而且也可以节约交易费用，有效防范市场风险。近些年，虽然我国采取了很多措施鼓励农民专业合作组织发展，但与发达国家相比其发育程度和组织完善程度仍然很低。要积极借鉴美国的成功经验，在结合我国国情的基础上，大力发展农民专业合作组织和各种专业协会。

根据我国农业未来的发展趋势，发展农业合作经济组织在我国农村经济领域具有客观性和必然性。在我国，如果没有强大的农民利益集团共同体，仅凭分散的农户去提高农业的市场竞争力是非常困难的。因此，农民合作社作为农民自己的组织，应该成为我国农业经营组织化的主导形式。尽管美国等农业发达国家的农业现代化水平高，其合作社在发展过程中也面临很多难以解决的问题，资金匮乏和市场竞争激烈等因素困扰合作社发展，但不容忽视的是，合作社始终是农业生产经营组织化的重要形式，对小规模经营的农业尤其如此。在今后很长的时间里，农业合作社应当成为我国农业生产的重要组织形式。

（三）健全农业合作社内部管理机制，完善合作社运行机制

美国农业合作社的发展历程表明，健康强大的合作社需要根据市场环境和内部变化及时调整内部管理制度和运行机制。合作社的内部管理机制随着社会经济发展而不断创新和改进，以适应经济社会发展的需要。目前，我国的农业专业合作社在管理上大部分都实行入社自由和退社自愿的原则，而且强调资本报酬的有限原则。这一规定使得合作社对外部资金的吸引缺少力度，导致合作社与中小企业一样经常面临资金短

缺的问题，融资成本高，成为制约其发展的一个重要因素。目前，中国的农业合作社内部管理制度不够健全，组织的核心层和常设机构的人员素质总体来说不是很高。鉴于此，我国应该借鉴美国合作社现代企业的组织管理方法，逐步完善农民专业合作社的内部管理和运行机制，如从外部引进管理人员对合作社实行专家管理，设合作社股份交易市场等以提高合作社的管理水平。

（四）借鉴美国经验提升合作社的资本运作能力

美国农业合作社的一个突出特点具有较强的资本运作能力，其获得的金融机构的资金支持比社员投资和利润盈余的力度要大得多。美国农业合作社通过调整产权结构争取金融机构贷款，特别是新一代合作社在组织结构和运行机制的设置方面更接近于股份制企业，这为农业合作社争取外部融资创造良好的条件。美国的合作社一直十分关注自身资金的积累能力，大量资本注入使得美国农业合作社在发展农村合作经济组织的同时拥有更高的管理效率和市场行为调节能力。因此，新时期我国农民专业合作社要借鉴美国新一代合作社的发展经验，充分利用良好外部融资环境提高合作社资金筹集能力，利用优惠财税政策提高资金实力，提高合作社自身的资本运作能力。

由于我国大部分农业合作社发展尚不完善，缺乏从金融机构获得贷款必需的固定资产或可抵押物，因而难以获得金融机构的资金支持，与此同时，我国各地农民专业合作社发展程度参差不齐。总体来看，中西部欠发达地区适合发展比较典型的传统合作社，其发展模式和已经出台的《农民专业合作社法》比较接近；在经济发达地区，可以借鉴美国合作社的发展经验，加大对农民专业合作社的资金注入，注重资本对于合作社经济组织运行的有效促进与调配，用民间资本促进合作社经济的高效运行。

（五）大力培育和发展龙头企业，与农业合作社相互扶持发展

当前农业发展和合作社面临国外开放市场和激烈市场竞争的发展环

境，区域性合作社面临着地域和政策等多方面合作限制，因此各地的合作社需要逐步打破其地域限制和成员身份限制。对政府而言，应借鉴美国经验大力培育一大批规模大、实力强、科技含量高、辐射面广和带动力强的龙头企业共同促进农业合作社发展。具体而言，首先要打破地域、行业和所有制的限制，催生、扶持当地龙头企业，以效益、规模、辐射力和带动力为标准确立龙头企业，并实施政策优惠，使其充分利用本地资源优势，围绕主导产业进行项目建设以带动合作组织发展；此外，可通过增资、改造、改制等方法促进有一定规模和基础、资本实力较强、知名度较大的龙头企业发展；在充分发挥市场基础性作用的前提下，积极利用龙头企业在技术、信息、资金和管理等方面的优势来为农民服务，使龙头企业与农户、生产基地、合作组织之间形成紧密联系的一体化格局。

第八章

日本农业经营模式、
体系构建及其启示

世界各国经验表明，农业现代化的过程也是农业经营规模扩大、主体分化以及体系重塑的过程。日本是亚洲第一个实现农业现代化的国家，以农户为农业经营主体，通过制度建设实现农业现代化的进程，对我国正在推进的农业现代化、工业化、城镇化具有重要的参考价值。随着日本经济腾飞与人口高龄化、少子化的进展，日本出现了农地撂荒、农民人口锐减、农业生产停滞与农村衰退的困境。为了拯救农业与农村，日本政府通过农地改革，实施了一系列促进农地流转与规模经营等政策措施，以期实现提高农业竞争力、保障粮食供给、恢复农村活力的目的。日本与中国同属东亚小农社会，在文化背景、资源禀赋、生产条件上具有较高的相似性。因此，对日本农业经营的主体构成、模式转换进行探讨，深入分析农业经营体系构建的特征，对于促进中国新型农业经营主体建设具有重要借鉴意义。

一、日本农业发展现状与面临的危机

作为世界经济大国的日本，却面临着农业发展极度萎缩的困境。2011 年日本农业总产值 4.6 兆日元，占国内生产总值的比重仅为 0.98%[①]。从经济发展规模上来看，日本农业微不足道，近年来日本粮食自给率大幅度下降，使得日本成为世界上最大的粮食进口国，面临严重的食品安全和粮食安全问题。在以农业人口老龄化、少子化为主的劳动力结构变动和以土地撂荒、耕地利用率降低为主的资源环境变动的双重制约下，日本不得不踏上了以推动土地流转与扩大经营规模为核心的农业与农村振兴探索之路。

（一）农业劳动力结构的过疏化与老龄化

在贸易自由化与全球化的背景下，国际农产品市场竞争激烈，农业

---

① 農林水産省：《農林水産基本データ集》，http://www.maff.go.jp/j/tokei/sihyo/index.html，2012 - 12 - 28。

收入过低，农民从事农业愿望与积极性下降，离农趋势明显。随着日本经济的发展，从 20 世纪 60 年代开始日本农业劳动力大批外流，农业人口大量减少。据统计，从 1960 年到 2011 年，日本劳动力人口中的农业人口比重从 30% 下降到 2.5% 左右，而且其中 65 岁以上占 61%，平均年龄为 65.9 岁。从农村人口来看，日本 65 岁以上人口占总人口的 23%，而 65 岁以上农村人口占农村总人口的 35%[①]。随着日本青壮年农业劳动力大量向非农转移，再加上日本老龄化、少子化加速，日本农村各地先后出现后继无人的局面。

在日本，销售农户与农业经营体[②]是农业生产的主体力量。日本农业劳动力的缺失还表现为农户与农业经营体数量的减少。从 2005 年到 2010 年，日本农户和农业经营体分别减少了 11.2% 和 16.4%。从农户结构来看，销售农户减少了 332 218 户，比 2005 年减少了 16.9%；自给农户增长了 12 000 户，比 2005 年增加了 1.4%，而拥有土地的非农户增加了 172 672 户，比 2005 年增加了 14.4%[③]。以上数据表明，日本农户总体上减少的同时，结构也发生巨大的变化，主要表现在从事商品化生产的销售农户数量减少，拥有土地的非农户与自给农户数量增加。劳动力结构变化使得以山区为代表的农村人口越来越稀少，传统村落制度迅速瓦解，并引发了耕地摞荒危机（晖峻众三，2011）。

（二）农户兼业化与土地摞荒严重

与中国相同，日本农业也以小规模的分散经营为主，土地细碎化严重。2010 年，每个销售农户的平均耕地面积为 2.02 公顷，农业经营体

---

① 農林水産省：《農林水産基本データ集》，http：//www.maff.go.jp/j/tokei/sihyo/index. html，2012－12－28。

② 销售农户是指经营耕地面积 0.3 公顷以上或者过去一年间农产品销售额 50 万日元以上的农户。除此之外的农户即为自给农户。农业经营体指直接或接受委托从事农业生产与农业服务，并且经营面积或金额达到一定规模的农业经济组织。农业经营体既包括家庭经营体，也包括组织经营体（法人）。

③ 此处仅指拥有耕地或摞荒耕地 0.5 公顷以下的农户。资料来源：2011 年 9 月 30 日日本政府发表的《2010 年世界农林业普查报告》。

的平均耕地面积为 2.19 公顷，而自给农户的耕地面积更少。小规模的分散经营使得大多数农户农业收入过低，单靠农业收入不足以维持生计，纷纷走上了兼业化的道路。2011 年，日本的销售农户中，专业农户有 44 万户，只占全部销售农户的 28%。在兼业农户中，以农业收入为主要生活来源的"第一兼业农户" 22 万户，占 14%；以非农收入为主的"第二兼业农户"占压倒性多数，高达 58%。可见，超过半数的农户从事工资水平较高的非农工作，大量的兼业农户给日本农地利用带来了障碍，同时也诱发了耕地撂荒问题。2010 年日本撂荒耕地面积为 395 981 公顷，比 2005 年增加了 2.6%，与 90 年代相比，则增长了一倍左右①。

日本耕地撂荒表现为自给农户和拥有土地的非农户撂荒面积的增加。耕地撂荒深层次的原因在于：一是农业劳动力过疏化与老龄化引发劳动力供给不足。根据 2004 年针对全日本市町村的一项调查，有 45% 的人认为"高龄化而导致的劳动力不足"是土地撂荒的主要原因②；二是土地的农业比较效益低，而非农地价格高。农地所有者宁愿放弃耕种，而抱有资产持有的心态等待被征用③。尤其是在都市近郊，第二种兼业农户往往抱有较高的农地转用期待，他们宁愿放弃耕种与流转，形成撂荒耕地。

（三）低粮食自给率与农村凋零

自 20 世纪 60 年代开始，日本粮食自给率一直呈下降趋势，按照热量计算从 79% 下降到 39%。尽管日本政府一直在呼吁振兴农业，但是

---

① 農林水産省：《2010 年世界農林業センサス報告書》，http://www.maff.go.jp/j/tokei/census/afc/index.html，2011 - 09 - 30。

② 参见《2005 年日本农业白皮书》。

③ 日本农地撂荒后，土地的保有成本几乎为零，只征收每年 1 000 日元（相当于 70～80 元人民币）固定资产税。如果作为农地交易，农地的价格为一坪（3.3 平方米左右）7 000 日元，而作为非农建设用地的价格猛增至一坪 15 万日元。参见加藤秀明：《中国上海でイチゴ栽培に取り組んで》，爱知大学农业土地研究会报告资料，2011 - 10 - 08。

日本粮食自给率低的局面丝毫没有改观①。低粮食自给率使得日本严重依赖进口，目前日本是世界上最大的粮食进口国。根据相关资料显示，如果日本每年进口的农产品全部在日本国内生产的话，需要将近 1 200 万公顷的耕地，是现在日本耕地面积的 2.5 倍②。虽然受日本农耕文化传统与岛国忧患意识的影响，日本大米一直保持高自给率，例如，2009 年大米的自给率为 95%，其中用于主食的大米的自给率为 100%，但是这是以日本水稻种植面积约占日本耕地总面积的 34.3%、约占水田面积的 63% 为代价的。

除农业衰落之外，农村社会也出现凋零的趋势。农村社会的基础是村落。村落不只具有维持农业生产的职能，而且是在村落事务管理、传统文化传承、村民互助等各方面发挥重要作用的社区性组织。截至 2010 年，日本共有村落 13.9 万个，比 1955 年的高峰时期减少了 11%。而且，现有的 13.9 万个村落中，能够发挥地域资源管理等职能的村落只有 11.9 万个。在山区或丘陵地带，伴随着农村人口的过疏化与老龄化的发展，许多村落处于濒临灭绝的边缘。而在都市郊区，由于都市居民与农村居民的混住化，村落出现社区化倾向，村落职能正在逐渐丧失。

二、日本的农地制度及其改革历程

日本的农地制度是日本农业政策的核心。长期以来，日本"自耕农"主义的农地制度安排，不仅限制了农地流转与规模经营，也将公司等其他法人拒之门外。近年来，为了应对农业危机，日本一步步放宽了农地流转的限制，也一定程度上促进了规模经营。分析日本农地制度以

---

① 2011 年日本政府提出了新的发展目标，计划到 2015 年将粮食自给率提高到 45%，到 2020 年提高到 50%。

② 参见《2007—2010 年日本农业白皮书》。

及改革历程，对于理解日本农业经营体系的特征与演变趋势具有重要帮助。

（一）日本的农地制度

日本颁布的有关土地管理方面的法律共有 130 部之多（张宁宁，1999）。日本农地法律制度的核心主要由四部法律构成，分别是《农地法》、《土地改良法》以及《农业振兴地域建设法》（以下简称《农振法》）和《农业经营基础强化促进法》（以下简称《农促法》）。除此之外，还包括《特定农地租赁法》、《构造改革特别区域法》、《景观法》、《市民农园整备促进法》等涉及农地管理的法律。如图 8－1 所示，随经济社会发展，这些法律经过多次修正、补充，现在已形成相对完善的法律制度体系。

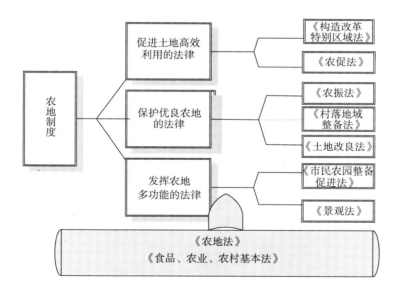

图 8－1　日本的农地制度体系

如图 8－1 所示，该法律体系基本上可以从促进土地高效利用的法律、保护优良农地的法律和发挥农地多功能的法律三方面加以划分。其中《食品、农业、农村基本法》（新《农业基本法》）和《农地法》是日本农地制度体系的基础。《构造改革特别区域法》和《农促法》主要是为促进农地高效集约利用而设计的。《农振法》、《村落地域整备法》和《土地改良法》主要为保护优良耕地资源，而《市民农园整备促进法》和《景观法》等是为了促进城乡之间用地协调，发挥农地的多功能性。农地制度的改革主要是通过《农地法》的修改和《农促法》的扩充和完善完成的。目前，《农地法》仍然是日本农地管理的基础法律制度，而《农促法》已成为指导农地流转与规模经营最重要的法律。这些法律制度顺应时代发展，在保护和改良优质农地、促进土地流转与经营规模扩大、提高土地利用率等方面发挥了重要作用。

（二）日本农地制度的改革历程

专栏 8－1

1945 年以来日本关于农地的主要法律政策①

年份	政策法律	备注
1945	《农地调整法改正法》公布	第一次农地改革
1946	1.《农地调整法改正法》公布 2.《自作农创设特别措置法》	1. 第二次农地改革 2. 不在村地主土地强制买取
1949	1.《农地资产继承特例法案》 2.《土地改良法》公布	以自耕农为主的土地改良事业开始
1951	《有关农业委员会的法规》公布	农业委员会开始设立
1952	《农地法》公布	1. 农地改革制度体制化、永久化 2.《农地调整法》、《自作农创设特别措置法》废止
1959	《农地转用许可基准》	对农地转用进行规范
1961	《农业基本法》公布	第一部综合的农业法律，标志着进入"综合农政"阶段

---

① 参见：農林省大臣官房総務課編《農林行政史第1巻》（昭和32年）、《農林行政史第6巻》（昭和47年）、財団法人日本農業研究所《農林水産省百年史》編纂委員会：《農林水産省百年史別巻資料編》（昭和56年）、財団法人農政調査会《農業構造政策と農地制度》（平成10年）、中村広次《検証：戦後日本の農地政策》（平成14年）、島本富夫《日本の農地−所有と制度の略史−》（平成15年）等。

年份	政策法律	备注
1962	《农地改正法》、《农协改正法》公布	1. 设立农业生产法人制度 2. 设立土地信托制度
1969	《农振法》公布	1. 农业振兴政策开始实施 2. 大米过剩危机出现
1970	1. 《农地法改正法》公布、《农协改正法》公布 2. 《农业者年金基金法》公布	1. 自耕农主义原则开始修改 2. 土地租赁权规制大幅度缓和 3. 保障老龄农民生活，促进土地流转
1975	《农振法改正法》公布	1. 设立农用地利用增进事业 2. 设立特定利用权制度
1980	《农用地利用增进法》、《农地改正法》、《农业委员会改正法》（"农地三法"）公布	放宽了农业生产法人成立要件
1989	1. 《农用地利用增进法改正法》公布 2. 《特定农地租赁办法》公布 3. 《土地基本法》公布	1. 加大了农用地利用调整力度 2. 设立了面向市民农园的特定农地租赁制度 3. 加大对土地投机的规制
1990	《市民农业整备促进法》公布	推动市民农园的发展，提供土地利用率
1993	《农促法》公布	设立了认定农业者制度
1998	《农地法改正法》公布	农地转用审批权从中央下放到省级
1999	1. 《食品、农业、农村基本法》公布 2. 《农振法改正法》公布	1. 提倡食品稳定供给、农业多功能、持续发展与农村振兴的理念 2. 旧《农业基本法》废止
2002	《构造改革特别区域法》公布	允许公司法人参与"农业特区"建设
2005	《农促法改正法》公布	1. 将"农业特区"制度向全国推广 2. 全面实施耕地撂荒对策
2009	《农地法改正法》公布	对于企业通过租赁土地，参与农业经营等行为，实行"原则自由化"

日本土地私有制度确立于明治时期，1868 年日本明治新政府成立之后，对江户时代幕府、大名的私有领地予以公认，随后又允许土地买卖，标志着日本土地私有权的正式确立。此后，随着地租货币化，地主与佃农之间不断发生土地租金纠纷，寄生地主土地所有制成为阻碍日本经济和工业化进一步发展的桎梏。为了稳定租佃关系，促进资本主义发展，日本于 1926 年开始实施自耕农创设维持事业，通过资金扶持、政策引导等方式促进佃农转化为自耕农。

1938 年，日本进入战时体制，为适应战争需要，制定实施了《农地调整法》，采取一系列措施保护佃农的耕作权①，组建了农地委员会，并将自耕农创设维持事业体系化。同年，日本颁布《国家动员法》，开始全面进入战时统制时期，与农地制度相关的战时立法包括《佃租统制令》、《战时农地价格统制令》和《战时农地管理等统制令》。这些法令虽然是根据战争需要而临时设立的，但是对后来农地制度的确立产生了深远的影响。

1. 农地改革和《农地法》下的"权利移动规制"阶段（1945—1960 年）

第二次世界大战败后，在美军司令部的主持下，日本开始进行民主化改革。经过 1945 年、1946 年两次农地改革，日本政府通过强制手段从地主手里买取土地，并将其廉价卖给佃农，建立了"耕者有其田"的自耕农制度。为了顺利推进改革，日本制定了《自耕农创设特别措施》②。改革之后，日本政府从全国 176 万户地主手里购买了 174 万公顷土地，并将其卖给了 475 万户佃农③。为了巩固改革成果，防止地主阶层死灰复燃，日本制定了自耕农主义的《农地法》。该项法律旨在保护

---

① 例如，如果不存在佃农违反信用的情况，地主不得擅自取消或更改农地合同；在租赁合同期满半年到一年内，如果不声明拒绝更新合同，则视为按照同一条件自动延长合同关系；建立农地租赁纠纷调节制度等。参见《農地調整法》（昭和 13 年法律第 67 号）。

② 参见《自作農創設特別措置法》（昭和 21 年法律第 43 号）。

③ 引用数据为 1950 年的数据。

耕作者的生产地位，对农地权利转让进行了最严厉的规制。"权利移动统制"是《农地法》的指导思想，主要有四个方面：一是农地权利移动的许可制，二是农地转为非农用地的许可制，三是租赁合同解约的限制，四是租种地的所有面积限制①。农地改革和《农地法》的制定促进了农地在农民之间的平均分配，推进了农村民主化进程，但也造成了大量细碎小农的产生。总的来说，农地改革维护了农村社会稳定，促进了农业生产发展。

2. 《农业基本法》制定和依靠"所有权"流转扩大经营规模阶段（1961—1968 年）

《农地法》制定后的十年时间里，日本迎来了经济快速成长期，非农产业的快速发展，农村劳动力大量向非农产业转移。与此同时，农业内部、农业收入与非农收入之间差距加大，兼业趋势明显，农民无心务农。为了消除农业与非农业之间的收入差距，提高农民收入水平，1961年日本制定了《农业基本法》。该项法律出台的目的在于，通过农户间农地所有权的转移，使从事非农职业农户的土地向专业农户集中，提高农业生产率。为了促进"自立经营农户"的育成和推进农地所有权转移，1962 年日本对《农地法》进行了第一次修改（修改后该项法律又称《改正农地法》）。同时，为了防止农业经营的细碎化，日本还设置了赠与税的纳税期限制度。

1962 年《改正农地法》的主要措施，一是为了促进农业生产，配合家庭农业经营，设立了农业生产法人制度；二是放宽了以耕作为目的的农户土地所有最高限制②；三是通过修改《农协法》，允许农协在取得农地委托书后，开展农地信托业务。但是，实际上随着农业生产技术提高和农业机械化的普及，农业劳动时间大大缩短，农户兼业现象更加

---

① 参见日本《農地法》（第 19 条、第 20 条 1 项）（昭和 27 年法律第 229 号）。
② 如果农户以自有劳动力为主从事农业生产经营，允许拥有超过 3 公顷以上的农地（北海道的农户课拥有 12 公顷以上）。

普遍。同时，由于这一时期地价飞速上涨，农民倾向于将土地作为资产保有，而不愿意将土地转让。因此，这一阶段通过土地所有权流转来扩大经营规模的政策目标并没有实现。

3. 《农振法》制定和促进农地经营权流转的"综合农政"阶段（1969—1992 年）

经过 20 世纪 60 年代战后持续时间最长的经济高速增长期，日本出现快速工业化、城市化，并成长为世界第二大经济体。然而，随着人口大量非农转移与就地非农化，以山区为代表的农村地区，人口过疏化、老龄化等社会问题凸显。与此同时，农产品贸易自由化推进，农产品进口量迅速增加，农业机械化基本普及，农民阶层迅速分化。在这个农村经济社会结构剧烈变动的背景下，地价暴涨，出现了农地大量向非农地转用和撂荒耕地并存的局面。为了应对国内外环境的变化，日本政府在"综合农政"框架①下推出了农地改革措施。主要内容有：一是 1969 年制定《农振法》，通过建立"农业振兴区域"，严格控制城市化与土地非农化，保护优良农地；二是 1970 年又一次对《农地法》进行了大幅度的修改，对自耕农体制下的各项规定进行调整，为依靠土地租赁促进土地流转开辟了道路；三是为了防止农业经营的细碎化，设置了继承税的纳税期限制度；四是设立了农用地利用增进事业，并于 1980 年制定《农用地利用增进法》。根据该法律，在扩充农用地利用增进事业内容的同时，根据协议可创建村落农地利用改善团体②。同时，为配合农地改革，日本还设立了农民退休金制度，制定了农村地区工业引入政策③。

---

① "综合农政"是指打破农业生产领域限制，将其扩展至加工、流通与销售领域。从整个国民经济的角度出发，制定农业政策，注重农业政策与其他产业政策之间的协作与配合。

② 参见《農用地利用増進法》（昭和 55 年法律第 65 号）。

③ 根据该项法律，为进入农村地区的企业提供贷款、减免固定资产税和给予雇工补贴等优惠措施。在政府的支持下，大量企业进驻农村，在取得了一定效果的同时，也带来了环境污染、土地侵占等后果。实践证明，该项政策并没有取得促进劳动力离农的预期效果，反而强化了兼业农户的从业结构。参见《農村地域工業等導入促進法》（第 4 条、第 10 条）。

1962 年《改正农地法》的主要措施包括：（1）取消了农户或农业生产法人购买或租地最高面积和雇用劳动力的限制；（2）放宽了土地流转管制，重新设立了参考性的地租价格，承认不在村地主的合法性，租赁双方的协商解约和十年以上的租赁解约等事项不再需要当地知事的许可；（3）开设农地保有合理化促进事业，允许市町村的农地委员会提供土地中介服务；（4）放宽农业生产法人的成立条件等。通过以上一系列的农地改革措施，日本农地的流转率大大提高，全国农地出租面积的比例由 1970 年的 7.6% 上升到 1985 年的 20.5%。至此，长期以来的"耕者有其田"自耕农制度逐步瓦解，日本通过土地所有权与经营权、耕种权的分离来扩大经营规模，使农地制度的核心已转向了有效利用土地（郭红东，2003）。

4. 《农促法》制定和依靠"农业经营体"推进规模经营的阶段（1993—2004 年）

进入 20 世纪 90 年代以后，贸易自由化和农产品竞争国际化不断推进，为提高农产品竞争力，日本进入了依靠培育骨干农民和"农业经营体"推进规模经营的阶段。1993 年，将《农用地利用增进法》改为《农业经营基础强化促进法》（简称《农促法》）。根据该法，为了培育安定高效的农业经营体，日本实施了认定农业者制度。同时，对《农地法》进行修改，放宽农业生产法人的成员条件，允许农协等相关组织加入，但仍旧限制公司等主体参与。

1999 年，旧《农业基本法》废除，颁布《食品、农业、农村基本法》，为促进高效稳定的农业生产，日本确定了发展农业经营体，以实现农地保护与农地高效利用的发展方向。除了继续鼓励农地向"认定农业者"集中外，还提出改善农业生产条件，加快农业科技协作与技术普及等措施[①]。2000 年，关于是否允许农业公司从事农地流转引发了激烈的争论。争论的结果是，进一步修改《农地法》，允许一定条件下农业

---

① 参见《食料、農業、農村基本法》（平成 11 年法律第 106 号）。

公司通过参股农业生产法人开展农业生产经营。

2003 年，为了应对农业劳动力不足与耕地撂荒激增现象，在地方公共团体的强烈要求下，日本政府制定了《构造改革特别区域法》，首次为包括公司在内的"农业生产法人之外的法人"参与农地流转开辟了道路。具体做法为，地方政府将其制定的《构造改革特别区域发展规划》上报并经首相批准后，设立构造改革特别区域（以下简称农业特区），实行特殊的制度，而不受《农地法》的相关法律条款限制。同年，日本为了应对撂荒耕地激增现象，进一步推动村落营农组织高效稳定地开展农业经营，设立了特定农业团体制度，扩充实施了游休农地对策，并通过对《农促法》的修改，放宽了农业生产法人的成立条件。

5. 加快推进农地集约利用和重构农地政策阶段（2005 年至今）

虽然日本一步步放宽对农地流转的限制，但是并没有缓解农业后继无人和撂荒耕地增加的局面，与此同时农业劳动力老龄化、女性化与兼业化进一步加剧。日本政府不得不重新审视现行的农地制度，于 2005 年颁布了《食品、农业与农村基本计划》，加快推进骨干农户培育和村落营农组织法人化进程。为了促进撂荒农地的开发利用，日本将"农业特区"的特殊农地流转政策进行总结提炼，在《农促法》的框架下，开设了"特定法人农地租赁事业"。在日本农地流转制度中，"特定法人农地租赁事业"的开设，对"权利移动统制"的法律原则产生了巨大的冲击。它首次面对非农业生产法人，开启了农地流转之门，具有里程碑意义。2006—2007 年，日本分别设立了"骨干农户稳定生产交付金"和"分经营品种的稳定生产对策"等扶持项目。

2009 年，《农地法》被进一步修改，对于企业通过土地租赁，参与农业生产的行为，实行"原则自由化"。企业只要满足一定条件后，可以在日本国内任何地方租赁农地，参与农业生产经营。根据日本农林水产省资料显示，从 2009 年 12 月到 2010 年 6 月底，近 7 个月的时间里共有 144 家企业参与经营农业，经营土地总面积 504 公顷。与 2009 年农地制度改革之前相比，仅 7 个月的时间内，参与企业数增加了 33%，经营面积增加了 37%（室屋有宏，2011）。但是，此次修改放开的只是农地的租赁权，而所有权制度并没有改变，仍然是只有农户或农业生产法人才可以拥有农地。

三、日本农业经营体系的现状特征及其演变趋势

（一）日本农业经营主体的现状特征

在日本，销售农户与农业经营体是日本农业生产的主体力量。销售农户是指经营耕地面积 0.3 公顷以上或者过去一年间农产品销售额 50 万日元以上的农户。除此之外，还有"自给农户"和"拥有土地的非农户"。1999 年，日本废除了旧的《农业基本法》，颁布了《食品、农业、农村基本法》，首次提出了农业经营体这一概念。农业经营体指直接或接受委托从事农业生产与农业服务，并且经营面积或金额达到一定规模的农业经营个人或团体①。农业经营体既包括家庭经营体，也包括组织经营体。家庭经营体指农业经营体中以家庭劳动力为主要劳动力，并且家庭控制经营权的经营体，其中包括单户法人的情况。除家庭经营体之外的经营体都属于组织经营体。

由此可见，销售农户和农业经营体都属于"规模经营主体"。两者的区别与联系在于：所有的销售农户都属于农业经营体，绝大部分销售农户是家庭经营体；然而，与农业经营体相比，销售农户侧重于农业生产环节，主要指从事大田农作物种植的农户，不包括农产品加工或经营林牧副业农户。由于销售农户和农业经营体在日本农业经营体系中处于

---

① 农业经营体的经营规模至少应满足以下三个条件之中的一个：（1）经营耕地面积 0.3 公顷以上。（2）下列条件之一：蔬菜栽培面积 0.15 公顷以上；大棚蔬菜栽培面积 350 平方米以上；果树栽培面积 0.1 公顷以上；花卉栽培面积 0.1 公顷以上；大棚花卉栽培面积 250 平方米以上；饲养奶牛或育肥牛 1 头以上；饲养生猪 15 头以上；饲养蛋鸡 150 只以上；年间肉鸡出栏数 1 000 只以上；年间农产品销售额达到 50 万日元以上。（3）从事农业托管服务。

主体地位，日本政府每年都会对这两个主体的经营情况展开调查。对于这些调查资料的分析，有助于我们掌握日本农业经营构造的基本情况。

1. 销售农户经营耕地规模扩大，副业化程度加深

2013 年，日本共有销售农户 145.5 万户，比 2012 年减少了 3.3%。其中，销售农户中经营耕地的农户有 145.17 万户，比 2012 年减少了 3.2%。销售农户经营耕地总面积 307.67 万公顷，比 2012 年减少了 0.9%。然而，平均而言，2013 年单个销售农户的经营耕地面积为 2.12 公顷，比 2012 年增加了 2.4%。2013 年，销售农户中的农业从业者有 384.88 万人，比 2012 年减少了 14.61 万人。

表 8 - 1　　　　　　　　　日本销售农户构成情况　　　　单位：万户、%

	主业农户	准主业农户	副业农户	总计
2012 年	34.37	34.37	81.65	150.39
2013 年	32.45	33.27	79.77	145.50
增减率	-5.6	-3.2	-2.3	-3.3

资料来源：日本农林水产省：《平成 25 年農業構造動態調査》，2014 年 2 月 18 日公布。

为了更好地掌握农业劳动力的老龄化进展情况，日本开始将劳动力的年龄因素纳入到农户分类评价体系中。方法上，日本从农户收入和农户家庭劳动力年龄两个方面对农户进行评价，构建了"主业农户—准主业农户—副业农户"分类标准。过去日本主要依据农户家庭劳动力的兼业情况，将农户划分为专业农户与兼业农户。同时，根据农业收入的比重，将兼业农户划分为第一种兼业农户和第二种兼业农户。新的分类评价体系中，主业农户指以农业收入为主（农户收入的 50% 以上来自农业），并且至少拥有一名 65 岁以下家庭成员在过去一年间直接从事农业生产活动 60 天以上；准主业农户指非农业收入为主（农户收入的 50% 以下来自农业），并且至少拥有一名 65 岁以下家庭成员在过去一年间直接从事农业生产活动 60 天以上；副业农户指家庭中不含过去一年间直接从事农业生产活动 60 天以上的 65 岁以下家庭成员的农户。

2013 年日本销售农户中，主业农户有 32.45 万户，准主业农户有 33.27 万户，副业农户有 79.77 万户，分别占总体的比重为 22.3%、22.9% 和 54.8%。与 2012 年相比，虽然副业农户数量减少了 1.88 万户，但其占总体的比重却增加了 0.5 个百分点。这说明，销售农户的副业化程度进一步加深。同时，这反映出对于年轻人而言，日本农业逐渐失去了吸引力。同时说明，日本农户兼业化程度严重，即便是具有一定经营规模的销售农户，其中一半以上的农户收入也主要来自非农业。

2. 农业经营体构成出现变化，组织经营体比重不断上升

表 8 - 2　　　　　　　　　　农业经营体数　　　　　单位：万个、%

	农业经营体①+②	家族经营体①	组织经营体				
			小计②	从事农业生产的经营体		只从事托管服务的经营体	
					法人经营体		法人经营体
2012 年	156.39	153.27	3.12	2.23	1.41	0.89	0.37
2013 年	151.41	148.24	3.17	2.31	1.46	0.85	0.36
增减率	-3.2	-3.3	1.6	3.6	3.5	-4.5	-2.7

注：组织经营体中的"从事农业生产的经营体"一项，不仅包括只从事农业生产的经营体，还包括既从事农业生产又同时从事托管服务的经营体。

资料来源：日本农林水产省：《平成 25 年農業構造動態調査》，2014 年 2 月 18 日公布。

2013 年日本农业经营体数量为 151.41 万个，比 2012 年减少 4.98 万个。其中家庭经营体 148.24 万个，比 2012 年减少了 3.3%，而组织经营体 3.17 万个，比 2012 年增加了 1.6%。这说明，农业经营体的构成出现变化。与农户数量减少趋势相一致，家庭经营体的数量也在缓慢减少。而在政府的支持下，组织经营体取得了一定的发展。近年来，随着日本不断解除对公司等法人组织从事农业的限制，组织经营体中单纯从事托管服务的经营体快速减少，从事农业生产的经营体不断增加。

在组织经营体中，取得法人资格的组织共有 1.82 万个，而尚未取得法人资格的经营体 1.34 万个，占组织经营体的 42.3%。从经营形式

上看，直接从事农业生产的组织2.31万个，比2012年增加了3.6%；只从事农业托管服务的经营体0.85万个，比2012年减少了4.5%。

3. 土地流转加速，耕地开始向组织经营体集中

表8-3　　　　　　　日本农业经营体经营耕地面积情况

	年份	有耕地的经营体数（万个）	经营耕地面积（万公顷）	流转面积（万公顷）	平均每个经营体耕地面积（公顷）
农业经营体	2012	154.76	359.56	113.76	2.32
	2013	149.88	358.51	117.87	2.39
	增减率（%）	-3.2	-0.3	3.6	3.0
组织经营体	2012	1.94	48.46	33.67	24.95
	2013	2.04	50.28	35.45	24.65
	增减率（%）	5.2	3.8	5.3	-1.2

资料来源：日本农林水产省：《平成25年農業構造動態調查》，2014年2月18日公布。

从经营耕地规模来看，2013年农业经营体的经营耕地总面积为358.51万公顷，比2012年减少1.5万公顷。经营耕地中的流转面积117.87万公顷，比2012年多流入耕地4.11万公顷，增加了3.6%。平均而言，2013年每个农业经营体的经营面积为2.39公顷，比2012年增加了0.07公顷，与2010年相比增加了0.19公顷。

另外，2013年组织经营体的经营耕地面积为50.28万公顷，比2012年增加了1.82万公顷，比2010年增加了6.58万公顷。2013年，组织经营体流转耕地35.45万公顷，比2012年增加了1.78万公顷，比2010年增加了5.15万公顷。从土地流转的角度来看，组织经营体流转耕地面积占经营总面积的70.5%，远远高于农业经营体32.9%的水平。每个组织经营体的平均经营面积为24.65公顷，同样远远高于农业经营体的平均水平。这说明，农业经营体经营规模逐渐扩大，土地流转成为重要手段。这其中，组织经营体规模集中趋势尤为明显，并逐渐成为土地流转的主力。

4. 多数经营体为单一经营，不同主体间销售业务差异较大

表8－4　　　　　　2013年农业经营体的经营类别情况　　　单位：万个

| | 总计 | 从事销售的经营体 | 单一经营 | | | | | | | | | 复合经营 | 不从事销售的经营体 |
			小计	水稻	旱地	露天蔬菜	设施蔬菜	果树类	奶牛	肉牛	其他		
组织经营体	3.17	2.15	1.62	0.65	0.19	0.07	0.09	0.08	0.06	0.07	0.41	0.53	1.02
家庭经营体	148.24	135.67	108.07	70.33	4.59	7.97	4.56	12.71	1.52	2.36	4.04	27.6	12.57
农业经营体	151.41	137.82	109.69	70.98	4.78	8.04	4.65	12.79	1.58	2.43	4.45	28.13	13.59

注："其他"一项指从事花卉苗木、畜禽养殖等类别的经营体。

资料来源：日本农林水产省：《平成25年農業構造動態調査》，2014年2月18日公布。

从农业经营体的经营类别来看，2013年从事销售的经营体有137.82万个，占91%。在家庭经营体中，从事销售的经营体占到91.5%，而在组织经营体中，从事销售的经营体只占67.8%。这说明，与家庭经营体相比，组织经营体对农产品销售的依赖程度较低，经营范围更广。另外，单一经营指主营业务或品种销售额占年度总销售额80%以上的经营体。组织经营体中的单一经营体1.62万个，复合经营体0.53万个，分别占从事销售的组织经营体的75.3%和24.7%。家庭经营体中单一经营体和复合经营体的比重分别为79.6%和20.4%。无论是组织经营体，还是家庭经营体，从事水稻种植的经营体都占有绝对比重。这也从侧面反映出水稻在日本农业生产中占有重要地位。

（二）经营主体多元化，农业法人经营初具规模

1. 政策松动，农事组合法人和公司数量快速增长

农事组合法人指农民或其他组织为了促进农业生产、提高共同利益，依据《农业协同组合法》（昭和22年法律第132号）成立的法人

组织。农事组合法人有两种：第一种是利用共同农业机械设施，为农业生产提供服务的法人组织，称为1号法人；第二种是开展农业经营的法人组织，也被称为2号法人。1号法人与农协相似，而2号法人的组织性格更接近于公司。公司法人又可进一步分为合伙公司、合资公司、合同公司、股份公司四类。如表8-5所示，从2011年到2013年，日本组织经营体的数量产生了先减后增的变化。从内部构成来看，有法人资格的经营体数量增加与无法人资格的经营体减少同步进行，提高了法人经营的比例。尤为突出的是，农事组合法人和公司的数量有了快速增长。

表8-5　　　　　　近三年组织经营体的构成情况　　　　单位：万个

项目 年份	合计	有法人资格的经营体					无法人资格的经营体
		小计	农事组合法人	公司	各种团体	其他法人	
2011	3.15	1.78	0.39	0.90	0.42	0.07	1.38
2012	3.12	1.78	0.42	0.92	0.38	0.06	1.34
2013	3.17	1.82	0.45	0.94	0.37	0.06	1.34

　　注："各种团体"包括农协及其联合组织、农业保险组合、森林组合等组织，"其他法人"包括一般社团法人、一般财团法人、医疗法人、宗教法人等组织。

　　资料来源：日本农林水产省：《平成25年農業構造動態調查》，2014年2月18日公布；日本农林水产省：《平成24年農業構造動態調查》，2013年4月15日公布；日本农林水产省：《平成23年農業構造動態調查》，2013年2月5日公布。

　　从2011年到2013年，农事组合法人数量每年以300家的速度递增。2009年12月，日本修改了《农地法》，对于公司通过土地租赁、参与农业等行为，实行"原则自由化"。根据日本农林水产省资料显示，从2009年12月到2010年6月底，近7个月的时间里共有144家企业参与农业，经营土地总面积504公顷（高强、孔祥智，2013）。到了2011年，农业经营体的公司达到9 000家。从2011年到2013年，公司数量每年以200家的速度递增。这说明，近年来日本农业经营法人化趋势明显，而法人化农业经营的扩张主要依靠公司和农事组合法人数量的增加。

2. 农业法人经营初具规模，经营多元化

农业法人指以法人形态经营农业、依法享有民事权利并承担相应义务的各类组织。为了提高农业产业化、留住人才与促进地域农业振兴，近年来日本政府多次对《农地法》、《农协法》和《公司法》等法律进行修改，农业法人数量快速增长，逐渐成为日本农业经营体系中一支重要力量。从组织形态上看，农业法人主要有三种：第一种是公司法人，主要以盈利为目的，依据《公司法》成立；第二种是农事组合法人，主要是依据《农协法》设立的具有合作社性质的农业法人；第三种是农业生产法人①，主要依据《农地法》成立，是农业法人中利用土地进行农业经营的法人，是农业法人的一种特殊形式。由图 8-2 可以看出，

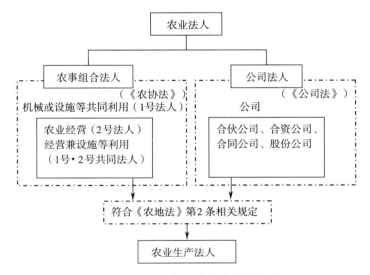

图 8-2　日本农业法人种类及体系

---

①　根据日本《农地法》，利用农地或草地进行农业经营，并满足一定条件的农业法人称为农业生产法人。因此，利用大棚进行蔬菜花卉种植、畜禽规模养殖等非土地利用法人或者土地面积小于一定的规模等要件不足的土地利用法人都不属于农业生产法人。

依据不同法律，日本成立了不同类型的法人组织。这些法人组织享有不同程度的权利，履行各不相同的义务。例如，农事组合法人中的 2 号法人与公司的业务相似，都是从事农业经营，但是在成员资格、出资额度等方面与公司存在不同之处。根据《农协法》，农事组合法人的成员可以是农民、协会、农地组织或供应商等主体，但是供应商等主体的数量不能超过总成员数的三分之一。同时，农事组合法人可以为非成员提供农业生产服务，但是对外服务的营业额不能超过总营业额的五分之一。另外，公司法人与农事组合法人以及农业生产法人之间，在税收减免、组织变更等方面也存在显著差异。

农业经营法人化的意义在于，促使生计与经营分离、便于税收统计及享受优惠政策、促进劳动条件合法化以及提高对外信用等方面。此外，与传统农户或非法人组织相比，农业法人更有利于吸引农村青年就业、农民培训以及部分农业政策的执行。例如，日本大米补贴政策的执行，需要详细核算农业生产者的收益与成本。然而，传统农户或非法人组织缺乏明晰的会计制度，家庭消费和经营支出相互交叉，给政策执行带来一定的难度①。根据《农业构造动态调查》的结果，2013 年日本农业经营体中有法人资格的组织经营体共有 1.82 万个，其中农事组合法人 0.45 万个，公司 0.94 万个，各种团体 0.37 万个，其他法人 0.06 万个。另外，截至 2013 年，日本农业生产法人共有 13 561 个，比 2012 年增加了 744 个。在政府的支持下，日本各种类型的农业法人均有所增长，农业法人经营初具规模。

（三）农业生产联合组织加快组建，农业经营体系初步形成

农业生产联合组织主要指多个农户或农业法人，就农业生产过程中的某个或多个环节开展共同合作而结成的生产集团，或有组织地从事农业经营或农作业托管服务的组织。农协是日本规模最大、实力最强并且农户参与最多的农业生产联合组织。截至 2013 年 3 月底，日本共有综

---

① 资料来源：http://www.pref.hokkaido.lg.jp/ns/kei/keiei/kieietai/hojin/hojin/what.htm。

合农协 738 个，社员 983 万人，其中正社员 467 万人，准社员 517 万人。近年来，在农协加大改革力度的同时，日本政府也加大了其他类型的农业生产联合组织的支持力度，诸如营农集团、农机利用组合、集落营农、共同栽培团体等农业生产联合组织。

1. 集落营农组织服务功能突出

农业生产联合组织可以分为以下三类：第一类是共同利用组织，指与机械或设施利用有关的各种形式的组织；第二类是集体栽培组织，指建立栽培协定或从事与之有关的共同作业的各种形式的组织；第三类是托管组织，接受农业经营或农业生产各环节托管服务的各种形式的组织。为了提高土地利用率，促进土地流转，日本各地成立了农事改良组合或土地改良组合等服务组织。这些组织一定程度上促进了集落范围内土地托管服务的顺利开展，与托管组织保持着紧密的联系。

近年来，在政府的支持下，集落营农组织发展迅速，逐渐成为农业生产联合组织的主流形式。集落营农组织指以集落为单位，就农业生产过程的某个或全部环节开展共同服务、统一作业的农业经营组织。截至 2014 年 2 月 1 日，日本共有集落营农组织 14 717 个，其中 3 255 个拥有法人资格，占全体的 22.1%。日本共有村落 13.9 万个，其中有 2.9 万个村落组建或参加了集落营农组织。在集落营农组织中，由单个村落组建的集落营农组织占全体的 74.4%，由 5 个以上村落组建的仅占 7.2%。平均而言，每个集落营农组织为两个村落提供农业生产服务。从经营面积来看，有 52.1% 的集落营农组织经营耕地面积（包括托管服务面积）在 20 公顷以上。就经营内容而言，有 79.5% 的集落营农组织拥有机械或提供农机服务，有 73.3% 的集落营农组织提供农产品生产销售服务，有 58.2% 的集落营农组织提供耕地集中或村落范围内的土地调整服务①。这说明，集落营农组织在地域农业支持，尤其是为中

---

① 资料来源：日本农林水产省：《集落营农实态调查结果》，http://www.maff.go.jp/j/tokei/sokuhou/syuraku2014/index.html，2014-03-28。

小农户服务等方面发挥着积极作用。

2. 农业经营体系初步建立

近年来，随着日本农业人口高龄化、少子化程度不断加深，日本出现了农地撂荒、农民人口锐减、农业生产停滞与农村衰退的困境。为了拯救农业与农村，日本政府通过修订法律、制度改革，实施了一系列促进农地流转与规模经营等政策措施，初步形成了以家庭经营为主体、法人经营和集落营农经营相互补充的农业经营体系。家庭经营的主要表现形式是销售农户和家庭经营体。上面的数据表明，无论是形式上还是内容上，以家庭为基本单位的农业经营形式，是日本农业经营体系的主体。

2003 年，为了应对农业劳动力不足与耕地撂荒激增现象，在地方公共团体的强烈要求下，日本政府制定了《构造改革特别区域法》，首次为包括公司在内的"农业生产法人之外的法人"参与农业经营开辟了道路。同年，日本为了应对撂荒耕地激增现象，进一步推动集落营农组织高效稳定地开展农业经营，设立了特定农业团体制度，扩充实施了游休农地对策，并通过对《农促法》的修改，放宽了农业生产法人的成立条件。2005 年，日本颁布了《食品、农业与农村基本计划》，加快培育骨干农户和推进集落营农组织法人化进程。2009 年，《农地法》被进一步修改，对于企业通过土地租赁，参与农业生产的行为，实行"原则自由化"（高强等，2013）。在上述制度改革的带动与政策激励下，日本法人经营与集落营农经营快速发展，在农业生产服务与农地高效利用等方面发挥了重要作用。

如图 8-3 所示，家庭经营、法人经营与集落营农经营是日本三大农业经营形式。以销售农户和家庭经营体为主要形式的家庭经营，是日本农业生产与农产品销售的核心力量，承担着维持粮食生产与保障重要农产品供给的重任。以公司和农事组合法人为主要形式的法人经营是日本农业生产中的新型力量。公司等主体拥有先进的生产技术、完善的管理方法与丰富的市场信息，多围绕农作物种植之外的领域，从事产加销一体化经营。近年来，日本政府一方面鼓励农协等农业团体出资，另一方面放开外部资本进入农业的限制，支持法人农业的发展。

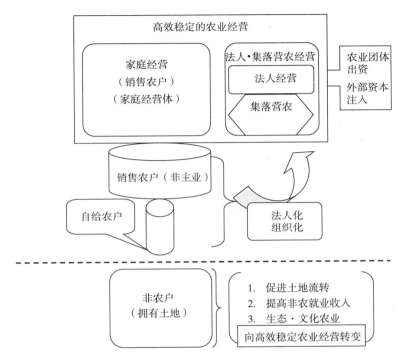

资料来源：日本农林水产省：《農業の担い手をめぐる現状と農業経営体の 育成・強化の方向について》，平成21年7月公布。

图8-3 日本农业经营体系

集落营农组织作为区域性农业生产联合组织，在农业生产服务、土地流转与规模经营等方面发挥着重要作用。由于农业比较收益低，非主业销售农户和自给农户在日本农户中占有很高的比重。为了改善这一局面，日本一方面通过设立认定农业者制度，采用组织化、法人化等措施，促进这些农户向法人经营和集落营农经营转化；另一方面加大骨干农业支持力度，积极培育新型家庭经营体。

另外，100多万拥有土地的非农户是日本农业经营主体的"潜在力量"。日本一方面通过开展农地租赁信托事业，促进土地流转与集中；

另一方面加大这部分群体非农就业转移的支持力度，使其依靠非农收入可以自立。另外，为了防止撂荒耕地面积的扩大，日本还通过宣传教育，提倡土地的生态与文化价值，鼓励这部分群体开展"生态·文化农业"。通过以上措施，日本初步构建了一个结构明确、功能互补、动态调整的农业经营体系。

四、对我国的启示

（一）完善农地制度，保持农户土地承包权稳定并长久不变

中国和日本虽然土地所有制度不同，但农业都是国民经济的基础，都是社会安定、国家自立的基石。日本顺应时代要求，不断调整农地政策，但是核心都是在尊重农民自愿的基础上实施的。日本政府不仅制定了明确而细致的法律制度以保护农民的土地产权，并且设计了完善的制度，保证农民的土地产权实现。例如，日本为支援农业生产和专业农户培育，设立了认定农业者制度；为促进土地流转与规模经营，设立了农地保有合理化制度；为保障老年人晚年生活，促进农地经营年轻化，设置了农民退休金制度。可见，不是单单某一项农业政策的出台，就可以推动土地流转与有效利用，必须从全局出发，建立相互补充、相互协调并适时调整的农地制度体系。从日本经验来看，正是保护了农户土地所有权不变，才推动了土地流转与规模经营。

中国农地制度改革能否顺利取得成功，关键取决于农民的土地承包权能否得到严格的保护。要在保护农民利益的同时促进土地流转，必须按照十七届三中全会的要求，把土地承包权保持稳定并长久不变。一方面，加快推进农村土地登记，体现物权法定、登记公示的效能，完善农村土地承包合同书和农村土地承包经营权证书发放，为土地流转管理提供科学依据；另一方面，要依法明确农民的土地权益，明确农户的土地承包经营主体地位，严禁直接或间接剥夺农民土地承包权。同时，中国也应

借鉴日本经验，因地制宜，因时制宜，完善农地制度体系。该体系应包括农地流转补贴制度、农业经营保险制度、农地流转资金支持制度等。

（二）扶持专业农户发展，加快培养新型职业农民

随着工业化、城镇化深入推进，我国农村青壮年劳动力大量转移，农业劳动力结构发生重大变化。一方面，自给自足的传统农户越来越少，兼业农户大量增加；另一方面，一批专注农业生产、以农业收入为主要来源的专业农户或主业农户日益兴起。根据农经统计显示，截至2012年底，经营规模在30亩以上的农户达到891万户，其中50～200亩的有261.8万户，200亩以上的有25.7万户。相比兼业农户或副业农户，这些专业农户或主业农户在土地、资金和技术等要素使用上规模化和集约化水平更高，在采取先进技术、使用优质种质资源、实施市场化经营等方面都具备明显优势。

职业农民是将农业作为产业进行经营，并充分利用市场机制和规则来获取报酬，以期实现利润最大化的理性经济人，是各类农业经营主体的基础。日本为了缓解农业劳动力兼业化、老龄化趋势，鼓励农地向"骨干农户"集中，设立了认定农业者制度。在该项制度推动下，土地迅速向认定农业者集中，加快了农地有效集约利用（高强、孔祥智，2013）。作为农村改革试验区，安徽宿州探索建立了职业农民认证注册制度，明确了职业农民认定标准，并提出了职业农民培训和资格鉴定程序。四川崇州建立农业职业经理人队伍，探索"农业共营制"（罗必良、李玉勤，2014）。这为我国新型职业农民培养积累了一定的经验。借鉴日本经验，我国要在扶持专业农户发展的同时，大力加强新型职业农民培养，从国家层面制定中长期新型农民培养规划，并在新增农业补贴、土地流转、奖励补助、扶持培训等方面给予新型职业农民倾斜性政策，让一部分年富力强、有文化、懂技术、会经营的农村劳动力能主要靠提高劳动生产率，获得与其各类要素投入相对称的合理的报酬，使他们能安心在农业中发展和致富（张晓山，2014）。

（三）培育新型经营主体，促进农业经营法人化

农业生产经营组织创新是推进现代农业建设的核心和基础。培育和壮大新型农业生产经营组织，是尊重和保障农户生产经营主体地位的有效手段，也是充分激发农村生产要素潜能的重要载体。在我国，新型农业经营主体主要包括专业大户、家庭农场、合作社和涉农企业。其中，家庭农场、合作社与企业都属于市场法人。与传统农户相比，农业经营法人化，一方面可以促使生计与经营分离，使农民变为自主经营自负盈亏的商品生产者和经营者，提高专业化、集约化水平；另一方面，有利于农业经营者根据商品经济的客观要求，打破地区部门和所有制的界限，发展各种形式的横向经济联合，在平等自愿互利的基础上组建新的经济实体，提高规模化、组织化水平。

日本政府通过不断修订和完善法律，明确了各类农业法人的性质与内涵。近年来，在政府的支持下，日本各种类型的农业法人均有所增长，农业法人经营初具规模。当前，我国新型农业经营主体还面临规模小、运行不规范、发育不足等问题。借鉴日本经验，我国应当尽快明确界定专业大户、家庭农场、农民合作社、龙头企业等新型经营主体的规范标准、认定方法和登记办法，抓紧制定支持新型农业经营主体的政策措施，促进法人农业健康有序发展。

（四）创新农业经营组织模式，鼓励发展农业生产联合组织

当前，由于我国各类农业经营主体具有成员相似性、服务趋同性、对象一致性等特点，各主体之间的联系也越来越紧密。专业大户、家庭农场、合作社与龙头企业之间融合度增强，一些诸如"龙头企业＋合作社＋农户"、"龙头企业＋家庭农场＋农户"、"合作社＋家庭农场＋农户"等组织模式不断涌现。安徽宿州在承担创新现代农业经营组织体系试验任务过程中，开始探索建立以农业企业为龙头、家庭农场为基础、农民专业合作社为纽带，基于专业化分工和利益联结的现代农业产业联合体，走在全国的前列。然而，与日本相比，这些经营主体之间的合作

还比较松散，深层次的利益联结机制仍不完善，基本上没有形成固定而有约束力的行动规范。

在日本政府的支持下，各类农业经营体之间的联合与合作不断深化，形成了共同利用组织、集体栽培组织及托管服务组织等多种类型的农业生产联合组织。这些农业生产联合组织拥有明确的行动计划和发展规划，对内可以相互调剂余缺、发挥信息优势，激活各个经营主体的活力；对外可以联合开发、发挥信息优势，提高市场竞争力。这些生产组织还具有灵活性强、适应性广等特征，可以满足兼业农户、副业农户的生产需求。借鉴日本经验，我国应当积极鼓励各类农业经营主体之间的联合与合作，探索培育多种类型的农业生产联合组织。

（五）推进农业社会化服务新机制，加快新型农业经营体系建设

改革开放以来，我国农业社会化服务体系建设取得了快速发展，但同时也存在着制度供给不足、体系不健全、供需结构不合理、"全要素"服务滞后等问题与挑战。日本农业的最大特色在于"官民结合"的农业社会化服务体系。政府主导的普及指导体系与农协主导的营农指导体系，为日本农业从生产到销售的各个环节以及农村生活中的各个方面提供农业科技服务，有效地促进了日本农业与农村发展。此外，日本政府通过修订法律、制度改革，实施了一系列促进农地流转与规模经营等政策措施，推进家庭经营、法人经营和集落营农经营共同发展，初步构建了一个结构明确、功能互补、动态调整的农业经营体系。

借鉴日本经验，我国应当在加强公益性服务组织建设的同时，加快培育经营性服务机构，探索创新社会化服务模式，形成公共性服务、合作型服务、市场化服务有机结合，整体协调、全面发展的农业社会化服务体系。同时，坚持和完善农村基本经营制度，推进家庭经营、集体经营、合作经营、企业经营等共同发展，构建集约化、专业化、组织化、社会化相结合的新型农业经营体系。

第九章

德国农业经营主体的
发展实践及其启示

一、德国经济社会发展概况

（一）基本国情

1. 自然资源情况

德国位于欧洲中部，东邻波兰、捷克，南接奥地利、瑞士，西接荷兰、比利时、卢森堡、法国，北接丹麦，濒临北海和波罗的海，是欧洲邻国最多的国家。面积35.7万平方公里，由16个联邦州组成；人口8 226.4万人，是欧盟中人口最多的国家，也是欧洲人口最稠密的国家之一，居民以德意志人为主，有少数丹麦人和索步族人。

德国地势北低南高，可分为四个地形区：北德平原，平均海拔不到100米；中德山地，由东西走向的高地块构成；西南部莱茵断裂谷地区，两旁是山地，谷壁陡峭；南部的巴伐利亚高原和阿尔卑斯山区，其间拜恩阿尔卑斯山脉的主峰祖格峰海拔2 963米，为全国最高峰。

德国处于大西洋东部大陆性气候之间的凉爽的西风带，温度大起大落的情况很少见。降雨分布在一年四季。年平均温度9度，年降水量500~1 000毫米。夏季北德低地的平均温度在18℃左右，南部山地为20℃左右；冬季北德低地的平均温度在1.5℃左右，南部山地则为−6℃左右。属于例外的是气候温润的上莱茵河谷，以及经常可以感到从阿尔卑斯山吹来的燥热南风的上巴伐利亚和山风刺骨、夏季凉爽、冬季多雪，从而构成自己独特气候区的哈尔茨山区。因各地区地理条件的不同，德国最高温度在摄氏20~30℃之间，最低温度在1.5~10℃之间。德国的北部是海洋性气候，相对于南部较暖和。

德国自然资源较为贫乏，除硬煤、褐煤和盐的储量丰富外，在原料供应和能源方面很大程度上依赖进口，2/3的初级能源需进口。天然气储量约3 820亿立方米，能满足国内需求量的1/4。硬煤、褐煤丰富，其他矿藏的探明储量为：钾盐约130亿吨，铁矿石16亿吨，石油5 000

万吨，天然气约 5 000 亿立方米。东南部有少量铀矿。德国森林覆盖面积为 1 076.6 万公顷，占全国面积约 30%。水域面积 86 万公顷，占全国面积 2.4%。2012 年德国能源消耗居世界第五位，其中 60% 的主要能源依赖进口，政府政策为促进节约能源及可再生能源。

2. 经济发展情况

德国是世界主要经济与政治实体之一，2013 年国内生产总值（GDP）达 3.63 万亿美元，位列美国、中国、日本之后，居世界第四位，欧洲第一位。德国是世界贸易大国，同 230 多个国家和地区保持贸易关系，外贸长期顺差，2013 年超越中国成为世界第一大顺差经济体。人均 GDP 44 010 美元，位居世界第 19 位。服务业约占德国国内生产总值高达 71%，而工业与农业则分别占 28% 和 1%。

3. 政治体制情况

德国行政体系由联邦、州、市镇三级组成，共有 16 个州，12 229 个市镇；德国是联邦制国家，外交、国防、货币、海关、航空、邮电均属联邦管辖，国家政体为议会共和制，联邦总统为国家元首，议会由联邦议院和联邦参议院组成，每届任期四年。联邦议院行使立法权，监督法律的执行，选举联邦总理，参与选举联邦总统和监督联邦政府的工作等。

德国负责农业事务的部门是联邦食品与农业部，总部位于波恩，并在首都柏林设有办公室，德国农业部下辖六个部门，主要职责是制定德国的食品和农业政策。

（二）农业发展概况

德国共有农业用地 1 671.9 万公顷，耕地 1 187.5 万公顷（2011 年数据），与美国相比，德国农业用地仅为美国农业用地的 4.07%，耕地面积仅为美国的 7.41%。德国农业用地面积和耕地总体呈逐步减少趋势，1962—2011 年德国耕地面积减少了 31 万公顷，年均耕地面积增长率为 -0.05%（李婷等，2014）。2013 年农林渔业就业人口为 63.7 万人，仅占国内总就业人数的 1.5%，德国农业劳动力数量较少，并呈现逐渐减少的趋势，但受益于科学的教育培训体系，德国农业劳动力素质普遍较高。

德国农业标准化、机械化程度较高。2007 年德国共有农用拖拉机 767 300 台，平均每千公顷耕地农用拖拉机量为 65 台，比法国多 3 台，在欧洲排名第一。德国拥有联合收割机 85 480 台，每千公顷耕地联合收割机量为 7 台。

表 9 - 1 　　　　　2007 年德国农业技术装备情况　　　　单位：台

	农用拖拉机	每千公顷耕地农用拖拉机	联合收割机	每千公顷联合收割机	挤奶机
德国	767 300	65	85 480	7	250 000
法国	1 135 000	62	76 500	4	200 000
日本	1 877 000	434	957 000	221	160 000
美国	4 389 812	26	346 935	2	—
中国	2 063 528	15	632 400	4	—

资料来源：根据 FAO 统计数据库公布数据计算所得（李婷等，2014）。

2010 年德国农业总产值 328.45 亿美元，占国民经济总量的 1%。按照德国统计口径，德国农业包括种植业、畜牧业、林业和渔业。德国农业以畜牧业为主，种植业和畜牧业相结合。种植业和畜牧业在农业产值中的比重约为 1/3 和 2/3，主要农作物有小麦、大麦、燕麦、黑麦、马铃薯和甜菜等，畜牧业多饲养乳用、肉用牲畜。农产品可满足本国 90% 左右的总需求，扣除从国外进口的饲料，自给率约 80%。

德国农业除了提供农产品外，还额外负有越来越重要的使命，即保护自然资源，特别是物种的多样性、地下水、气候和土壤；美化乡村景观，为人们提供舒适的生活、休息场所；为工商和能源部门提供原材料。德国联邦政府与各州政府一道，对农业基础设施建设给予大量资助，如建造重要的排水与供水设施、修建农村道路、进行农田和林地重建等，对有困难的农业企业也提供特别资助。

二、德国农业经营主体发展概况

（一）农业合作社

德国农业合作社是在农户自愿的基础上建立，由农户自我管理的互助型经济组织。负责人由合作社成员推选产生，人员工资、管理费、电费和其他支出均由成员分摊。加入者一般按拥有的土地面积一次性向合作社交款，款项主要用于兴建厂房、购置运输车辆等合作社基本建设。合作社则在农忙时节向农民收集农产品，在分类加工后进行统一销售。农闲时节合作社有关人员则到超市、批发市场、周边国家了解市场行情，以帮助农民制定第二年的种植计划。除此之外，合作社还在种子购买、播种、储存、销售等环节向农民提供服务。

德国农民合作社种类繁多，经营领域广泛，体系也非常完善。各种形式的农业合作社，都是农户在完全自愿的基础上参与并由农户自我管理的互助互利的民间经济组织。从合作社规模来看，包括行业和地区性合作社、跨地区性合作社以及全国性的协会等。从经营的业务范围来看，包括信贷合作社、农村商品和劳务合作社、工商业商品和劳务合作社、消费合作社、住房合作社五大类。从经营的领域来看，包括三类：一是加工和流通类；二是配套服务类，如种子鉴定、饲料、化肥、农机设备和技术培训等；三是金融类。

1. 发展历程

德国是世界合作社组织的发源地之一，自19世纪中叶赖夫艾森创建农村合作社系统以来，德国农业合作社的发展经历了初始发展、普遍发展、战后恢复、现代发展四个阶段，在促进农业生产、推动农村发展、提高农民收入等方面发挥了重要作用。

（1）初始发展阶段：19世纪中期至19世纪末期

19世纪中叶，在德国迈向农业资本主义的普鲁士农业改革中，为了应付不断出现的粮食危机，合作社运动不断兴起。在此期间，赖夫艾森合作社以农村为中心发展起来，首先解决的是农民的信贷问题，同时兼营销售、购买和其他服务业务。当时，著名的合作社先驱除了赖夫艾森，还有福里奇、哈斯等。

赖夫艾森是德国农业合作社的创始人，在初期创办的诸多合作社中，其最为推崇的是 1862 年建立的安森豪信贷协会，认为它最符合德国农民的需要。因为其不要入会费且不要求成员对协会入股投资，协会运营的盈余是共同财产，作为协会的积累而不做红利分配。后来这种模式被称为赖夫艾森体制，并发展成为德国主要的合作社模式之一。

（2）普遍发展阶段：19 世纪末至 20 世纪 30 年代

在此阶段，由于谷物价格自 19 世纪 80 年代中期开始下降，并且在 1893—1894 年达到最低点，为了抵制中间贸易中的商业欺诈和不经济现象，各种专门从事销售的合作社建立发展起来，这些合作社大多都是中心合作社，其成员大部分也都是信贷协会的成员。销售合作社的主要任务是在较大领域中从事销售业务，并由此保持农产品价格稳定。

随着 1889 年《合作社法》以及建立分支机构的改革，德国合作社获得了快速发展。1889—1899 年间合作社数量由 610 个增加到 3 273 个。但是，1914 年第一次世界大战的爆发以及德国的战败，使合作社的发展受到阻滞，这种影响一直持续到 1919 年。1926 年，赖夫艾森和哈斯农村合作经济组织开始合并，1930 年，连同一些小联盟共同成立了当时世界上最大的合作社联盟——德国农业合作社赖夫艾森国家联盟。1930 年之后，德国合作社的发展再次受到世界大战的波及，随着德国被分为四个占领区域，统一的农业合作社联盟也不复存在。

（3）战后恢复阶段：1945—1949 年

第二次世界大战结束后，合作社在不同占领区开始恢复发展。1948 年，原联邦德国区域内建立起了统一的"德国赖夫艾森联盟"，下辖德国赖夫艾森商品中心有限公司、赖夫艾森种子进口有限公司、牛奶油脂及禽蛋商务中心有限公司、德国牲畜肉类中心有限公司、德国葡萄合作社葡萄酒销售中心和赖夫艾森印刷有限公司六个业务机构，涵盖了商品经营的各个领域。与此同时，在原民主德国区域，合作社也按照前苏联模式开始恢复，并在农产品加工、流通、信贷、服务等多个领域得到发展。

（4）现代发展阶段：1949 年至今

在此阶段，随着社会经济的发展，德国合作社进行了一系列既符合国情又适应时代趋势的实践和调整。1949 年，德国赖夫艾森联盟获得了合作社的审计权，并且构建了多层次、分权式的合作社联盟结构，成立了地区中心银行，以解决合作社发展中面临的资金短缺问题。与此同时，随着信贷合作社的发展触角伸向城市，其成员结构发生变化，农村信贷合作社逐步向综合性银行转变。

在此阶段，合作社内部也实行了一系列的变革，包括通过合并或联合实现结构转换，扩大合作社规模；专职管理者开始取代荣誉性业务领导等。

2. 现状特点

截至 2006 年底，德国共有各类农业合作社超过 3 000 个，其中农村商品和服务合作社近 2 000 个，商品贸易信贷合作社 200 个，农业合作社 900 个，还有 7 个联邦一级合作社总部。在农村商品和服务合作社中，有 300 多个购销合作社，约 300 个牛奶合作社，此外还有 100 多个畜牧业和肉联厂合作社，200 多个葡萄种植合作社，100 多个瓜果蔬菜和园艺合作社，900 多个其他商品和服务型合作社。2006 年德国各类农业合作社销售收入总计 383 亿欧元。

德国农业合作社的运行有如下主要特点。

（1）组织结构联盟化

德国农业合作社除了广泛分布在农村地区外，还通过长期发展和不断整合，形成了多层级的合作社联盟体系，包括中央、地方、基层三个层次，以及代表信贷合作社、农村商品和劳务合作社、工商业商品和劳务合作社、消费合作社、住房合作社等领域的五个全国性合作社的纵向组织系统。合作社联盟不从事具体的经营活动，而是作为合作社的代表，表达其利益诉求，同时向成员提供相关咨询服务。农业合作社的联盟结构存在许多优势：首先，地方社可以弥补基层社规模小财力不足的缺点，以优惠的价格大量买入生活和生产资料；其次，地方社还可以集中基层社的农副产品，从而在市场上形成批量优势。最后，中央社的社员是全国的地方社，在业务上中央社与地方社联系紧密，还可以对地方的区域性合作社进行专业指导。

（2）运行规范化

德国政府十分重视合作社的法制建设，于1867年就制定了第一部专门针对合作社的法律，现行德国合作社法的全称是《工商业合作社和经济合作社法》（以下简称《合作社法》），制定于1889年，后又历经多次修订完善，最新版本公布于1994年8月19日，全法共有10个章节，分别为合作社的设立、合作社与社员的法律关系、代表和业务执行、审计和审计协会、社员的退出、合作社的解散和无效、破产程序和合作社的赔偿义务、责任金额、刑罚和罚金规定及结束条款，共165款条文，对合作社在设立、运行、解散等每个环节所涉及的各种问题都做了详细的规定，促进了合作社的规范发展。特别需要强调的是1889年的《合作社法》建立了全方位的合作社强制审计制度，规定：一般至少每两个营业年度要对合作社的机构、财产状况以及业务执行情况，包括社员名册的管理进行一次审查，对于资产负债总额超过200万欧元的合作社必须每个营业年度审查一次。强制审计制度的确立有效加强了对合作社内部管理的监管和制约，同时为缺乏经验的合作社领导者在工作上给予有力的支持。

（3）发展企业化

经典合作社理论认为，合作社是同时兼有企业和共同体两种性质的特殊经济组织，不以营利为目的。但是，与世界各国合作社发展现状相似，德国合作社（当然包括农业合作社）的情况也越来越不同于经典理论。

虽然根据德国《合作社法》，合作社是不以营利为目的的组织，即"服务于增进合作社成员的收益或经营，或者服务于合作社的公益意向"。然而，近些年来，随着社会经济的发展和市场竞争的加剧，德国合作社迫于市场竞争压力，越来越呈现规模化组织、专业化经营、企业化运作的趋势，换言之，德国农业合作社出现了向营利企业转化的显著趋势。主要表现为：合作社旨在由社员需求导向向市场需求导向转变；社员异质性日益增强，导致合作社及其社员越来越倾向于股份化持股、差别化投票以及按股分配，在传统合作基础上引入灵活的资本联合形式；合作社通过联合与合并，进行规模化整合，扩大经营规模，提高市场竞争力；合作社民主管理逐渐为专家管理所代替，全体社员大会逐渐为代表大会所代替；非营利性合作社向营利性股份公司的转变已在农业合作社中出现。

（二）家庭农场

1. 发展历程

家庭农场是德国农业生产的主要组织形式，是德国农业经营体系的主要经营主体，发挥着基础性作用。第二次世界大战后，德国一分为二，在不同的政治体制下家庭农场的发展也有着不同的路径。

第二次世界大战后，德国分为联邦德国和民主德国。在民主德国，农业生产采取的是带有强迫性质的生产者合作社的组织形式；在联邦德国，家庭农场是基本农业生产组织形式，但是，当时农场规模普遍较小、土地插花现象严重，1949 年联邦德国农场总数为 164 万多个，其中 15 公顷以下的农场占 87%，5 公顷以下的特小农场占 54%，农场平均规模只有 8 公顷。为了提高农业生产效率，促进农业生产规模经营，联邦德国政府采取了许多措施，1953 年制定了"15～20 年农业结构改革规划",并从 1956 年开始编制年度"绿色计划"作为上述规划的具体化和补充。《农业法》使原本规模很小、生命力不强的小农场转变为拥有 10~20 公顷或规模更大的"富有生命力的农场";《土地整理法》授予主管部门有权强制在某些农场地区推行必要的土地整理措施,在实行强制的地方,所有涉及到的土地所有者都要加入"参与者共同体",将自己的土地交给"共同体"重新分配,土地整理发生的费用由联邦政府和州政府共同承担。其结果是农场规模不断扩大,超过 30 公顷,农场数量则减少到不足 50 万个。同时通过采取农户升级、农户迁移、资助大农场经营、鼓励农业劳动力改行和提前退休、实行农业集约化经营等措施,促进土地的流转。

农户升级,即把占地 10 公顷以下的小规模农户提高为占地 10~20 公顷以上的中等规模农户,使其富有生命力。具体做法是:强制将一部分土地卖给地段邻近的农户,政府对购地"升级"的农户发放低息贷款。1967 年,在全国 4 200 起购地升级交易中,有 2 100 起是靠低息贷款实现的。从 1956—1966 年,为农户升级所需的费用为 5 500~11 200 马克/公顷。

农户迁移,即通过资助迁移费用,鼓励农户从人烟稠密的村庄迁往人烟稀少的地区,在那里建立新的规模较大的农场,而留在原地区的农户也可因此而使经营规模扩大。农户迁移费用的一半以上由政府负担。到 1970 年,累计有 16.45 万个迁移农户,共开发利用农地 30.5 万公顷,迁移农户占联邦德国农户总数的 10% 左右。

资助大农场经营。按照欧共体规定,各成员国的农户要想得到欧共体农业共同基金调整部分的资助,必须具备下列条件:(1)申请资助的项目应达到规定的规模和投资额;(2)项目的技术改造设施要达到规定的利润率,并保证项目在开始经营后的 15 年内能不断完善技术而盈利;(3)申请资助的农场应拥有一定量的自有资金。可见,能达到以上规定条件而得到资助的只有大农场。

鼓励农业劳动力改行和提前退休。土地集中后产生了农业劳动力就业和收入问题，为此，政府设立了各种专项基金和款项，例如，"改行奖金"用于鼓励小农户弃农转行；"提前退休奖金"用于鼓励农民提前退休；"土地出租奖励法"对为期 12～18 年的长期出租给予奖励。据统计，领取改行奖金而交出的土地达到 37.3 万公顷，相当于联邦德国农地总面积的 3% 左右，而 1966—1975 年间租地面积占联邦德国农地总面积的 25% 左右。

　　民主德国相对而言地广人稀，其农业则是另外一番景象。第二次世界大战后，政府将土地分给农民，大约 60 万户农民逐渐放弃了自主的经营活动。取而代之的是农业生产者合作社（LPG）。这是带有一定强迫性质的，一开始基本上是一个村一个合作社，以后慢慢合并，规模由小变大，一个合作社规模在 6 000～7 000 公顷。到 70 年代，又将合作社中的农牧业分开，分别组成种植业和畜牧业的合作社。到 1989 年，大约有 82 万人在农业就业，占全国就业人数约 10%，其经营的农地面积约 620 万公顷。农业生产者中共有 5 110 个农业生产者合作社和国营农场。农业生产者合作社大规模地生产特定农产品，例如一个种植业的农业生产者合作社平均拥有就业人员 165 人，经营农地 4 547 公顷；而专门生产牲畜的合作社平均拥有就业人员 70 人，饲养大的牲畜 1 664 头（例如 1 664 头奶牛，11 000 头育肥猪，或者 50 万只产蛋鸡）。这些企业对于消费者的需求和生产成本的关注较少，而对于企业领导人具有决定意义的是，能够完成规定的生产计划。

　　1990 年 10 月德国统一后，原民主德国的土地实行了私有化，在此基础上建立了一批规模相对较大的家庭农场。原民主德国农业分两种情况：一是农业生产者合作社，土地约占总规模的 85%；二是国营农场，土地约占 15%。德国政府针对二者采取了不同的做法，对合作社的土地，1/3 归于国家，2/3 分给个人；对合作社的各种财产，由有关专家论证、评估、定价，然后根据合作社社员工作年限等条件，确定个人所得份额；原来的合作社成员，根据自己意愿可以自己办企业（家庭农场），也可以带自己的土地、财产加入新的合作社或股份公司，还可以把自己的土地、财产卖给合作社（或股份公司）变成股份。对国营农场的土地、财产，则完全由国家授权的托管局接收，组织专家评估、定价、面向社会拍卖（高启杰、齐顾波，1997）。

2. 现状特点

2013年，德国家庭农场达到38万个，其中，经营规模在100公顷以上的大型农场有2.93万个，在30~100公顷的中型农场有10.4万个，2~30公顷的小型农场有21.85万个，2公顷以下的微型农场有2.67万个（蔡伟、杜丹，2014）。

德国家庭农场有如下特点：

（1）农场经营者素质普遍较高

德国法律规定了任何想从事农业、经营农场的农民，都必须接受相应的教育培训，持证上岗。德国的农业教育主要分为大学教育和职业教育两种方式，德国教育体系发达，课程丰富，设置合理，为农业发展输送了大批合格农民，从而保证了农场经营者有较高的综合素质，有效提升了家庭农场的经营管理水平。

（2）种类多样，兼业化现象普遍

德国家庭农场种类多样，涉及粮食种植、畜禽饲养、苗圃、花卉、渔业等众多领域。同时多采取兼业经营的方式，企业主夫妇的职业收入中有90%以上是来自本家企业经营所得的主业农场占60%以上，其中专业农场和兼业农场分别占50%和10%；企业主夫妇的职业收入中有10%~50%来自本企业之外的副业农场约占40%（丁声俊，2013）。德国的兼业家庭农场，多是兼营手工业、修理业和农村旅游业，像农机具修理、汽车修理，以及开办家庭旅馆等。

（3）经营规范，企业化发展

德国家庭农场普遍建立了规范的会计制度，对生产经营产生的各项收支情况都有详细的记录，以便进行会计核算。德国家庭农场是传统农业向现代农业转变的重要形式。它们不仅具有稳定性、连续性、适应性和阶段性等特点，而且可以容纳现代生产方式，走上高度机械化、专业化、企业化和现代化的道路。

（4）中小规模农场为主，土地租赁普遍存在

为了扩大农场经营规模，联邦政府采取各种措施，鼓励那些有农田而没有经营能力或经营意向的所有者出租土地。德国的统一使民主德国原属农场的土地私有化，进一步提高了土地租赁比例。德国现有53%的农地用于租赁经营，土地租赁现象普遍存在。2013年，德国家庭农场中，小型农场占比约为57.73%，中型农场占比约为27.48%，大型和微型农场合计占比约为14.8%。中小型规模农场避免了大农场中普遍存在的代理成本问题，有助于保持家庭农场较高的生产效率。

（5）管理现代化

20世纪70年代，德国家庭农场已经普遍实现了现代化，农业生产力获得突破性发展，其标志是：用现代工业装备农业、用现代科技改造农业、用现代管理方式管理农业，以及用现代科学文化知识提高农民素质，建立起优质高效的农业生产体系和持续发展的农业生态系统。如今，德国家庭农场已经全面实现了机械化、信息化、精准化和知识化。

三、德国扶持农业经营主体发展的主要措施

（一）健全土地流转市场，鼓励农村劳动力转移

发展规模经营是降低农业生产成本、提高农业生产效率的有效途径，德国政府在发展农业规模经营过程中采取了加大土地流转与转移农村劳动力相结合的方法。

一方面，《农业法》和《土地整治法》采取强制手段对农地进行了调整，使之连片成方。同时鼓励土地等生产要素进行流转，对购买土地

的农场提供政府低息贷款，对出售和出租土地的农民进行现金奖励并提供贷款支持，此外，为了鼓励规模经营，德国政府对不同规模的家庭农场给予不同利率、不同期限的贷款支持。对土地用途进行严格管理，1986 年联邦德国专门颁布实施了《农地用益租赁交易法》，规定农地租赁实行合同备案制度，土地承租人不允许随意改变农地用途或转租，政府对土地出租合同执行情况进行定期检查。

另一方面，鼓励农场劳动力转移。为此德国政府设立了各种专项基金，如"改行奖金"用于鼓励小农户流出农业行业、"提前退休奖金"用于鼓励农民提前退休（徐会萍，2013）。

（二）健全人才培养机制，培养新型职业农民

现代农业经营主体的发展需要高素质的人才队伍，德国农业之所以有较高的生产效率，与其严格的人才认证制度和健全的人才培养体系密不可分。首先，德国对农业经营者进行准入制度，如果想从事农业职业，则必须完成相应的职业教育或大学教育并获得国家颁发的从业资格证书。这一制度的确立提升了农民学习的主动性。其次，德国有先进的农业人才培养体系，包括大学教育、职业教育和职业培训三个层面，三者定位不同、分工明确，大学教育旨在培养高层次研究人员，职业教育的培养目标是从事农业生产、加工、销售、管理的应用型人才，职业培训的目标是更新走上社会的农业从业人员的知识。德国农业教育体系师资雄厚，注重实效，取得了良好的效果，为农业发展输送了大量理论和实践兼备的职业农民。

德国农业经营主体在自身发展过程中十分重视人才培养，这一点在德国农业合作社发展过程中表现的十分明显。1844 年，罗虚代尔先锋社在成立之初就重视对社员的教育；在 19 世纪末，地区性的农业合作社为那些自愿者和临时管理人员开设了记账和会计课程；1904 年，哈斯在德国创立了第一个合作社培训中心——德国合作社学院；1957 年和 1970 年"舒—德研究所促进协会"和"联邦合作社促进协会"两所

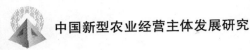

学校分别成立，促进了非农业和农村高级培训组织中心的建立；1970年德国出现了合作社基础培训和高级培训的高峰。德国合作社（包括农业合作社）通过组织培训教育，一方面提高了合作社领导者的个体素质和领导能力，另一方面提高了广大社员对合作社的认同感、使命感，极大地提高了合作意识。

（三）构建社会化服务体系，促进农业经营主体发展

完善的社会服务体系能够降低农业经营主体的运营成本，是农业经营体系的重要支撑。德国的农业社会化服务体系由合作社联盟、农民联合会、农业联合会和农业协会四个部分构成，合作社联盟侧重提供农民经营方面的服务，主要任务是帮助农民参与市场竞争，解决面对市场所遇到的各种问题，如农产品生产、销售、贷款等；农民联合会侧重提供农民生活方面的服务，主要任务是处理农民家庭和家庭之间以及农民与政府之间的矛盾；农业联合会侧重提供农业技术方面的服务，主要任务是当好农业生产的科技顾问，负责农民的职业教育；农业协会作为农民和农业利益的代表在国家与社会的良性互动中产生重要影响，通过农协来影响政府决策，使政府的政策有利于农民，并通过举办农业展览会、技术研讨班等推动农业进步与发展。以上四大民间组织分工协作、相互支持，为农民在生产、销售、生活、教育等方面提供了全方位的服务（李炳坤，1994）。

（四）加大政府扶持力度

德国农业经营主体的发展与德国政府的扶持密不可分。

德国农业合作社虽然没有依赖政府扶持，但是在合作社的发展过程中，政府还是通过一系列的措施，包括立法方面、信贷方面、资金方面等，来保障合作社的合法权益，以促进合作社的发展。

立法方面，德国政府主要依靠前文提及的《合作社法》对合作社发展过程中的诸多问题进行规范。德国基本法明确规定："促进合作制"、"支持合作自助"，并把这种促进和支持作为"优先目标"。

　　信贷方面，德国政府对农业企业实施了特殊性的信贷管理政策以支持信贷合作社的发展，向农民提供低息贷款。

　　资金方面，德国政府主要是通过补贴、资助的方式对农业合作社的发展予以扶持。德国政府每年都从财政经费中拨出一定经费支持合作组织的活动，为其提供低息贷款、减免税款等优惠经济政策。新成立的农业合作社5年内可享受创业资助，包括人工费用、办公设备和咨询费；7年内可享受投资资助，如采购、加工、销售、仓储、包装等经营性投资成本，资助额最高为投资总额的25%，但不超过其销售收入的3%。

　　税收方面，德国政府为了支持农业合作社的发展，对合作社用税后利润进行投资的部分免征所得税；农业企业、合作社还可获得免交营业税、机动车辆税的待遇；为农业企业提供咨询、农机出租等服务的合作社还可以免交法人税等。1969年，德国建立了德国农业及食品行业销售促进基金，统一规划德国农业与食品业的营销。

　　德国家庭农场的发展同样离不开政府的支持。1950—1977年，联邦德国政府花费了约100亿马克的土地整理费用，其中联邦政府负担60亿马克，各州政府负担40亿马克。在1967年联邦德国4 200起土地购买交易中，其中一半是通过政府低息贷款实现的。联邦德国政府早在1969就颁布了《市场结构法》，该法规定，加入"生产者共同体"的农场，其生产规模必须达到10公顷以上，政府向"生产者共同体"前三年提供一定的财政补助，并且对于农场的各项投资给予20%的补贴。在信贷政策上同样规定，只有规模在10公顷以上的农场才能享受年息3%～7%的中长期低息贷款，规模在10公顷以下的农场只能得到年息8%～12%的短期贷款。家庭农场规模的扩大必然需要一部分原来农业行业的从业人员流出，为此德国政府设立了各种专项基金，如"改行奖金"用于鼓励小农户流出农业行业、"提前退休奖金"用于鼓励农民提前退休。

四、德国实践对我国的启示

德国是一个人地适中的国家，相比中国而言，德国的人地情况与我国东北等地有一定的相似性。总结德国农业经营主体发展的实践和措施，我们认为，有三个方面值得我们学习和借鉴。

（一）农业合作社的联盟化与规范化

德国农业合作社在农业和农村发展中发挥了重要的作用，究其原因，合作社组织结构的联盟化与运行的规范化功不可没。德国已在信贷、农村商品和劳务、工商业商品和劳务、消费、住房五个方面建立了全国性的合作社纵向组织体系，在提高农户市场谈判地位、促进农户进入市场、加强地方合作社运行管理等方面发挥着管理中枢的作用。反观中国，尽管近年来合作社快速发展，但规模普遍比较小，且联盟化发展滞缓，缺乏从全国到省、市、县的合作社联盟，合作社多是各自为战，缺乏统一的指导和管理，大多数合作社市场竞争力不强。此外，德国针对合作社的法律法规比较健全，在设立、运行、财务等方面的规定比较详细，合作社运行比较规范。而中国很多合作社运行不规范的问题比较突出，不能做到依法、依规运行，这就在很大程度上影响了合作社的凝聚力和竞争力。因此，应积极借鉴德国在合作社发展方面的经验，稳步推进中国农民合作社的联盟化和规范化发展。

（二）多种方式扩大家庭农场经营规模

在德国发展家庭农场的过程中，为改变农场经营规模普遍较小的现状，德国政府通过颁布《农业法》、《土地整理法》等法律法规，为家庭农场扩大经营规模提供低息贷款，为大农场提供资金项目支持，促进农场土地经营规模的扩大。特别值得一提的是，为了解决转出土地农民的生计问题，德国政府还设立了各种专项基金，鼓励小农户弃农转行或提前退休。当前，我国政府正在致力于发展家庭农场和农业适度规模经营。《关于引导农村土地经营权有序流转发展农业适度规模经营的意见》（中办发〔2014〕61号）提出，农村土地流转和适度规模经营是发展现代农业的必由之路，重点培育以家庭成员为主要劳动力、以农业为主要收入来源，从事专业化、集约化农业生产的家庭农场，使之成为引领适度规模经营、发展现代农业的有生力量。德国在壮大家庭农场、发展农业规模经营方面的做法和经验，对我国具有很强的启示性意义。

（三）注重对农业经营者的教育和培训

德国高度重视农业经营者的素质，既建立了农业准入制度，又有完善的职业教育和在职培训制度。可以说，在德国，农业已成为了一种专门的职业，农业经营者也都是职业农民。中国在培育新型农业经营主体的过程中，可以借鉴德国的做法和经验，把农业经营者的教育和培训作为一项重点工作抓紧抓好，着力提升他们的素质，特别是大力加强职业教育和职业培训，培养从事农业生产、加工、销售、管理的应用型人才，不断更新农业从业人员的知识水平和专业技术能力。

参 考 文 献

[1] 黄宗智：《长江三角洲小农家庭与乡村发展》，北京，中华书局，2000。

[2] 黄宗智：《华北的小农经济与社会变迁》，北京，中华书局，2000。

[3] 黄宗智：《中国的隐性农业革命》，北京，法律出版社，2010。

[4] 黄宗智：《中国新时代的小农经济导言》，载《开放时代》，2012（3）。

[5]《开创农业和农村工作新局面》，载《江泽民文选》（第二卷），北京，人民出版社，2006。

[6]《邓小平文选》（1975—1982年），北京，人民出版社，1983。

[7]《中国农村统计年鉴》，北京，中国统计出版社，1989。

[8] Y. 巴泽尔：《产权的经济分析》，费方域、段毅才译，上海，上海三联书店，1997。

[9] 蔡荣、韩洪云：《农业经营组织演化的经济学解释》，载《当代经济管理》，2011。

[10] 蔡伟、杜丹：《德国农业经营体系研究》，载《世界农业》，2014（7）。

[11] 戴孝悌：《产业空间链视域中的美国农业产业发展经验及启示》，载《世界农业》，2012（2）。

[12] 邓泽辉：《我国农业劳动方式与农业生产责任制》，载《经济研究》，1983（10）。

[13] 丁声俊：《实体、实业、实效——德国农业的显著特征》，载

《世界农业》，2013（8）。

[14] 高启杰、齐顾波：《德国的农业规模经营》，载《中国农垦经济》，1997（3）。

[15] 高强、高桥五郎：《日本农地制度改革及对我国的启示》，载《调研世界》，2012（5）。

[16] 高强、孔祥智：《日本农地制度改革背景、进程及手段的述评》，载《现代日本经济》，2013（2）。

[17] 高强、刘同山、孔祥智：《家庭农场的制度解析：特征、发生机制与效应》，载《经济学家》，2013（6）。

[18] 高强等：《日本"地产地销"经营模式与农协的作用——以爱知县尾东农协实地调查为例》，载《农业经济与管理》，2014（1）。

[19] 郭红东：《我国农户参与订单农业行为的影响因素分析》，载《中国农村经济》，2005（3）。

[20] 郭红东：《中国农民专业合作社发展：理论与实证研究》，杭州，浙江大学出版社，2011。

[21] 郭红东、钱崔红：《美国农业合作社发展面临的问题与启示》，载《世界农业》，2004（7）。

[22] 郭红东：《日本扩大农地经营规模政策的演变及对我国的启示》，载《中国农村经济》，2003（8）。

[23] 郭翔宇：《农业经济专题研究》，哈尔滨，黑龙江人民出版社，2000。

[24] 韩国明、田智文：《北美新一代合作社与中国农民合作社发展环境与参与主体的差异分析》，载《农村经济》，2011（5）。

[25] 何光：《中国合作经济概观》，北京，经济科学出版社，1989。

[26] 晖峻众三：《日本农业150年》，胡浩等译，北京，中国农业大学出版社，2011。

[27] 江丽海：《美国农业产业化经营考察报告》，载《广西农学

报》，2001（1）。

[28] 姜长云、张立冬：《美国公司农场的发展及启示》，载《世界农业》，2014（4）。

[29] 孔祥智、金洪云、史冰清等：《国外农业合作社研究——产生条件、运行规则及经验借鉴》，北京，中国农业出版社，2012。

[30] 孔祥智、史冰清、钟真等：《中国农民专业合作社运行机制与社会效应研究——百社千户调查》，北京，中国农业出版社，2012。

[31] 乐波：《农业生产领域公共服务供给的美、日、印三国经验研究》，华东师范大学博士学位论文，2007。

[32] 黎少华：《德国农业合作社的发展特点》，载《东方城乡报》，2012 - 09 - 13（B6）。

[33] 李炳坤：《德国农业市场经济制度的考察及其启示》，载《管理世界》，1994（4）。

[34] 李健、阮建雯、郭兴昱：《美国农业合作社的研究》，载《世界农业》，2013（12）。

[35] 李仁柳：《农业合作社的发展路向》，北京，中华书局，1953。

[36] 李婷、张成玉、肖海峰等：《德国农业》，北京，中国农业出版社，2014。

[37] 李晓俐、陈阳：《德国农业、农场发展模式及对我国的启示》，载《农业展望》，2010（3）。

[38] 李晓俐：《美国农业政策的未来》，载《黑龙江粮食》，2008（6）。

[39] 列宁：《俄国资本主义的发展》，北京，人民出版社，1984。

[40] 列宁：《列宁全集》（第22卷），中共中央马克思恩格斯列宁斯大林著作编译局编译，北京，人民出版社，1963。

[41] 罗必良、李玉勤：《农业经营制度：制度底线、性质辨识与创新空间》，载《农业经济问题》，2014（1）。

［42］罗必良：《农地经营规模的效率决定》，载《中国农村观察》，2000（5）。

［43］马克思：《资本论》，中央编译局译，北京，人民出版社，2004。

［44］农林水产省農業の担い手をめぐる現状と農業経営体の育成・強化の方向について，平成21年7月公布，http://www.maff.go.jp/。

［45］农业部编写组：《农业农村有关重大问题研究》，北京，中国农业出版社，2013。

［46］皮国忠：《我国农业经济组织创新的重要理论依据》，载《江淮论坛》，2003（5）。

［47］恰亚诺夫：《农民经济组织》，萧正洪译，北京，中央编译出版社，1996。

［48］钱贵霞、李宁辉：《粮食主产区农户最优生产经营规模分析》，载《统计研究》，2004（10）。

［49］邵喜武：《美国农业合作社发展的成功经验及对中国的启示》，载《世界农业》，2013（1）。

［50］思拉恩·埃格特森：《经济行为与制度》，吴经邦、李耀、朱韩松、王志宏译，北京，商务印书馆，2004。

［51］宋洪远：《经济体制与农户行为——一个理论分析框架及其对中国农户问题的应用研究》，载《经济研究》，1994（8）。

［52］宋洪远、赵海：《构建新型农业经营体系，推进经营体制创新》，载《团结》，2013（1）。

［53］宋洪远、赵海：《加快构建新型农业经营体系》，载《经济日报（理论版）》，2013-06-05。

［54］王雅鹏：《现代农业经济学（第二版）》，北京，中国农业出版社，2010。

［55］王勇：《中国农民组织化问题研究》，哈尔滨，东北农业大学

博士学位论文，2004。

[56] 王月荣、张秀珍：《美国 2014 年新农业法案的特点、影响及其启示》，载《世界农业》，2014（7）。

[57] 吴江、武晓山、赵铮：《农户种粮收入的影响因素分析与最优粮食种植面积测算》，载《经济理论与经济管理》，2010（11）。

[58] 伍开群：《家庭农场的理论分析》，载《经济纵横》，2013（6）。

[59] 西奥多·W. 舒尔茨：《改造传统农业》，北京，商务印书馆，1987。

[60] 夏金梅：《发达国家农业经营模式实践经验研究》，载《世界农业》，2014（9）。

[61] 夏显力、赵凯、王劲荣：《美国农业发展对加快我国现代农业建设的启示与借鉴》，载《农业现代化研究》，2007（4）。

[62] 徐会苹：《德国家庭农场发展对中国发展家庭农场的启示》，载《河南师范大学学报（哲学社会科学版）》，2013（4）。

[63] 杨为民、李捷理、蒲应龚、陈娆：《美国家庭农场可持续发展对中国的启示》，载《世界农业》，2013（12）。

[64] 岳正华、杨建立：《我国发展家庭农场的现状和问题及政策建议》，载《农业现代化研究》，2013（7）。

[65] 曾令香：《农业微观基础的组织创新研究》，北京，中国农业出版社，2001。

[66] 张红宇：《我国农业生产关系变化的新趋势：从"两权分离"到"三权分离"》，载《人民日报》，2014-01-14。

[67] 张宁宁：《日本土地资源管理一瞥》，载《中国土地科学》，1999（1）。

[68] 张卫东：《新制度经济学》，大连，东北财经大学出版社，2010。

［69］张晓山：《当前和未来农村经济和社会发展中的突出问题和对策》，内部研究报告。

［70］张照新、赵海：《新型农业经营主体的困境摆脱及其体制机制创新》，载《改革》，2013（2）。

［71］赵玻、陈阿兴：《美国新一代合作社：组织特征、优势及绩效》，载《农业经济问题》，2007（11）。

［72］赵海：《新型农业经营体系的涵义及其构建》，载《农村工作通讯》，2013（6）。

［73］中共中央文献研究室、国务院发展研究中心：《新时期农业和农村工作重要文献选编》，北京，中央文献出版社，1992。

［74］中国经济体制改革研究会：《2012 年中国农村状况调查报告》，http://www.cser.org.cn/news/3427.aspx。

［75］中国社会科学院农村发展研究所、国家统计局农村社会经济调查司：《中国农村经济形势分析与预测（2011—2012)》，北京，社会科学文献出版社，2012。

［76］钟甫宁：《农业政策学》，北京，中国农业大学出版社，2000。

［77］George Arthur Akerlof. 1970. The Market for "Lemons"：Quality Uncertainty and the Market Mechanism. Quarterly Journal of Economics，488～500.

［78］Nelson. 1970. Information and Consumer Behavior. Journal of Political Economy，311～329.

［79］O. E. Williamson. 1975. Market and Hierarchies：Analysis and Antitrust Implications. New York：Free Press.

［80］O. E. Williamson. 1985. The Economic Institutions of Capitalism. New York：Free Press.